JN269835

21時から作るごはん

ローカロリーのかんたんメニュー

行正り香
Rika Yukimasa

講談社

introduction
──── はじめに

　「遅くごはんを食べたらカラダに悪い」と、よく言われます。でもそんなことを言われていたら、働いている人たちはろくなものを食べることができません。多忙な人は終わるのが早くても20時。それから家に戻ると、21時すぎ。この時点で遅いから食べないという選択をしていては、カラダのバランスがかえって崩れてしまいます。

　私が会社に勤めているときは、21時、22時以降のごはんは当たり前でした。遅いからといって、極端にカンタンにすませるのではなく、軽くて栄養バランスのよい食事を考え、一日の総カロリーを想像しながら作っていました。そしてどうせ遅くから食べるのならば、罪悪感を持つことなく、甘いものを食べたり、お酒を飲んだり、楽しく食べることが大切だと思っていました。

　食事は、一日全体のバランスだと思います。お昼にカロリーが多めでこってりしたものを食べたのならば腹もちもいい。ならば夜は軽くしておく。お昼にサンドイッチと牛乳だけだったなら、遅くてもがっつりしたものを食べてよい。お昼にお肉だったら、夜はお魚にしておく。昼、野菜が足りなければ、夜、野菜をとる。

総カロリーと栄養のバランスをとれば、カラダの調子を崩すことなく、よいものを口から入れていくことができます。ちなみに女性の一日の摂取カロリーの目やすは、体重と身長によっても違いますが、女性で2000キロカロリー前後、男性で2300キロカロリー前後といわれています。今回ご紹介する夜ごはん1メニューの総カロリーは550〜650キロカロリー。ファストフードのフライドポテトの大ひとつくらい。でも、面倒でない範囲で、複数の栄養素をとることができるように考えています。

　以前に『19時から作るごはん』という本を出しました。あの本は、「19時から作ることができたら、こんなごはんができたらいいなぁ」という20時すぎまで働いていた私が小さな夢を形にしたものもあります。一方『21時から作るごはん』は、私の現実です（笑）。遅くなったときはこんなごはんを食べて、カラダをリセットしていました、というものです。ワンルームのマンションのひとつしかないコンロでも作ることができ、素材はお金をかけずにすみ、食べたあと、深夜に胃がもたれない、ほっとするメニューです。どうか忙しいみなさまにも、楽しんでいただけますように！

Contents

はじめに —— 2

567 kcal menu for one
春雨アーリオオーリオメニュー —— 8
- 春雨アーリオオーリオ —— 8
- 豆腐トマトサラダ —— 10
- 牛乳ゼリー いちごソース —— 12

485 kcal menu for one
鮭のムニエルメニュー —— 16
- 鮭のムニエル —— 18
- さっぱりポテトサラダ —— 20
- オレンジのコアントロー風味 —— 21

626 kcal menu for one
ローストトマトパスタメニュー —— 24
- ローストトマトパスタ —— 26
- おかずサラダ —— 28
- フルーツゼリー —— 29

687 kcal menu for one
10分カレーメニュー —— 33
- 10分カレー —— 34
- トマトサラダ —— 36
- りんごの赤ワイン煮 —— 37

550 kcal menu for one
しょうが肉みそチャーハンメニュー —— 40
- しょうが肉みそチャーハン —— 40
- 大根とキムチのスープ —— 42
- 豆乳・牛乳ゼリー —— 44

524 kcal menu for one
ピリ辛豆腐スープメニュー —— 48
- ピリ辛豆腐スープ —— 50
- しらすごはん —— 52
- 梨のシロップ漬け —— 53

544 kcal menu for one
ささ身梅ごはんメニュー —— 56
- ささ身梅ごはん —— 56
- せん切りさっぱりサラダ —— 58
- フルーツヨーグルト —— 59

542〜605 kcal menu for one
イタリアンサンドメニュー —— 62
- イタリアンサンド —— 64
- オニオンスープ —— 66
- レモン風味のチョコレートアイスクリーム —— 66

628 kcal menu for one
もやし鶏肉フォーメニュー —— 70
- もやし鶏肉フォー —— 71
- ごま入り炒り卵 —— 72
- ぶどうの白ワイン煮 —— 72

482 kcal menu for one
しょうが黒ごまうどんメニュー —— 76
- しょうが黒ごまうどん —— 78
- 焼ききのこサラダ —— 80
- バナナと小豆のシナモン風味 —— 81

640 kcal menu for one

ヘルシー丼メニュー — 84
- ヘルシー丼 — 84
- こんにゃくソテー — 86
- 冷やしグレープフルーツ — 87

513 kcal menu for one

4分2分卵雑炊メニュー — 90
- 4分2分卵雑炊 — 90
- 大根ツナサラダ — 92
- いちじくとごまのデザート風 — 93

ドレッシング&サラダ — 94

レモンドレッシング ●ひよこ豆、トマト、玉ねぎのサラダ — 95
ゆずマヨネーズドレッシング ●れんこんといんげんのサラダ — 95
しらすドレッシング ●大根と青じそのサラダ — 95
しょうゆドレッシング ●豆腐とたたききゅうりのサラダ — 96
アボカドドレッシング ●鶏胸肉ときゅうりのサラダ — 96
しそドレッシング ●トマトときゅうりのサラダ — 96
ナムル風ごまドレッシング ●みょうがときゅうりのナムル風サラダ — 97
マヨネーズドレッシング ●ポテトサラダ — 97
梅ドレッシング ●鶏のささ身とセロリのサラダ — 97

essay

女性と仕事 — 6
ファッション — 14
カラダケア — 22
女性の選択 — 30
最後は女友だち — 38
話を聞く 話をする — 46
皿回し — 54
インテリア — 60
映画 — 68
趣味は大切 — 74
運動 — 82
料理と人生 — 88
　　＊
ダイエット — 99
太りにくいカラダを作るために — 100

基本カロリー表 — 101
おすすめワイン — 102

本書のきまり
- 小さじ＝5cc(ml)、大さじ＝15cc(ml)、1カップ＝200cc(ml)を使用しています。
- 電子レンジは500Wを使った場合の加熱時間です。600Wの場合は加熱時間を0.8倍してください。
- E.V.オリーブオイルは、エクストラ・バージン・オリーブオイルの略です。

女性と仕事

#01
Woman and
career

仕事を続けるって、本当に大変。
女性は他にも選択肢があったりするから、なおのこと大変。
でもどんな仕事も、大変さは変わらない。それが家事や
育児という仕事であったとしても、大変さは同じ。

可能ならば、女性は互いの足を引っ張りあうのではなく、
がんばれがんばれと風(エール)を送りあいながら、
仕事を続けられたら、いいなあ。

私は小さいころから、母に「1万円節約するならば、1万円生みだす方法を考えなさい」と言われていました。これは母が習っていたピアノの先生の言葉だそうで、昭和の時代に、女性にとっては進んだ考え方です。母自身、先生にそう教えられ、エレクトーンの先生になる資格を取って、教える仕事をしていました。妹は、遅くまで母がいないとビービー泣くし、私は宿題もピアノもやらないで、テレビばかりを見てだらしがないし、私たちを見るたびに、母は何度も辞めようと思ったそうです。でも辞めませんでした。どこかで自分らしくあることと、お金が与えてくれる自由のすばらしさがわかっていたからだと思います。

　アメリカに留学した先のホストファミリーのお母さんは、4人の男の子を育てながら小学校の先生をしていました。家はぐちゃぐちゃになるし、子どもたちは「お腹がすいたー！」と叫んでいたりしましたが(笑)、このお母さんも、仕事を投げだすことはありませんでした。「いつか子どもは巣立つし、これが私の世界。仕事は一度手にしたら、手放してはいけない」と教えてくださいました。その後、自分が働きだして、何度もくじけそうになりましたが「手放してはいけない。やれないことは人に頼んで、自分なりに力を抜けば、何だってできるのよ」と彼女は、言ってくれました。

　日本でも、働く女性が増えてきました。女性も手探りで大変なら、いきなり育児に参加しなくてはならない男性も、手探り人生です。「オフクロは、温かい料理を用意して家で待っていてくれたのに、なんで奥さんは俺より帰りが遅いんだ」とピリピリする男性もたくさんいます。でも、友人から「辞めようかな」と相談されたら、別の仕事に転職するのではない限り、あと3ヵ月だけがんばってみなよ〜、と伝えます。女性が一度仕事を辞めてしまうと、復帰するのは男性より大変だと思うからです。

　仕事を続けようかどうしようか、悩む人はたくさんいます。でも私はいつも、ホストファミリーのお母さんから言われた言葉を伝えます。「Do it all. 全部、やってみなさい。とりあえずやってみて、ギリギリまで踏ん張ってみて、それから考えたらいい」と。

567 kcal menu / for one

春雨アーリオオーリオ メニュー

Harusame aglio olio menu

- ◆ 春雨アーリオオーリオ
- ◆ 豆腐トマトサラダ
- ◆ 牛乳ゼリー いちごソース

ヘルシー素材メモ

春雨はでんぷんですが、水を吸うと膨らみます。パスタだと80gも食べなければ満足いかないところ、30〜50g食べれば、かなりお腹が膨らむ、という素材です。栄養的には炭水化物なので、いんげんなどでビタミン、ハムなどでたんぱく質を加えるとバランスダイエットになります。

TIME TABLE
Harusame aglio olio menu

前日または朝
◆ 牛乳ゼリー いちごソース
牛乳ゼリーを作っておく。

21:00
すべての材料をキッチンに出す。テーブルセッティングをする。好きな音楽をスタート。
◆ 春雨アーリオオーリオ
お湯をわかす。材料をすべて切る。

21:10
◆ 豆腐トマトサラダ
材料をすべて切って、仕上げておく。
◆ 春雨アーリオオーリオ
春雨をゆでて仕上げる。

21:20
◆ 牛乳ゼリー いちごソース
◆ 春雨アーリオオーリオ
いちごソースを作って牛乳ゼリーにのせておく。春雨アーリオオーリオを炒めて仕上げる。

春雨アーリオオーリオ
Harusame aglio olio

1人分 **275** kcal

夜遅くのごはんは、炭水化物は控えてカロリーをオフしたい。そんなときに、春雨のパスタはおすすめです。パスタ50gと春雨50gでは、カロリーは春雨が少し低い程度ですが、水分を吸った春雨はボリュームアップ。お腹いっぱいの満足感があります。ハム以外にも、鶏のささ身やひき肉との組み合わせも抜群。素材だけ変えて、いろんな種類の春雨パスタにトライしてみてください。塩の代わりにナンプラーを加えてもおいしい。

◎**材料**(2人分)

春雨	100g
にんにく	1かけ
唐辛子	1個(みじん切り)
オリーブオイル	大さじ1
鶏がらスープの素	小さじ1
塩	小さじ1/4
ハム	2枚(半分に切って薄切り)
いんげん	8本(3mmほどの斜め薄切り)

◎**作り方**

1 お湯を沸騰させ、春雨は袋の指示より1分ほど短めにゆで、ざるにとっておく。

2 フライパンにオリーブオイルとにんにく、いんげん、唐辛子を入れて弱火で2分ほど炒める。ここにハム、春雨、鶏がらスープの素、塩を加えてざっくり和えたらでき上がり。

仕事に振り回される忙しい毎日だけど、
だからこそリラックスする瞬間はとても大切。
まずは音楽をかけて、ワインの栓を抜いて、
それからキッチンに立ってみよう。

コンビニで買うごはんでも、お腹はいっぱいになるけれど、
キッチンに立つ時間の積み重ねが、豊かな人生を
作り上げていくのかもしれません。

Harusame aglio olio menu
春雨アーリオオーリオ
メニュー

MUSIC　ELENA BURKE/*Homenaje a Elena Burke*

オムニバス
「エレーナ・ブルケに捧ぐ」

キューバで一世を風靡したシンガー。
スタイルはキューバ風のボサ・ノヴァ＋
ジャズの雰囲気。なんとも大人な
雰囲気の1枚です。とても素敵な人に
プレゼントしていただき、それ以来、どれほど
聴いているだろう。音楽のプレゼントは、
どんな高価なプレゼントより、
価値があるなぁ、と思ったりします。

豆腐トマトサラダ
Tofu & tomato salad

1人分 **120**kcal

使う油はラー油だけで、あとはすし酢と
ナンプラーで味つけ。それでもパンチのある
ドレッシングになります。豆腐は高たんぱく低カロリー。
女性に必要なイソフラボンもあって、
ぜひ摂取したい栄養素です。
野菜はほかに、ねぎ、セロリ、大根、青じそなど、
いろんなバリエーションでお試しください。

◎材料 (2人分)

絹ごし豆腐	2/3丁
塩	小さじ1/4
トマト	1個
きゅうり	1/2本
すりごま	大さじ1
食べるラー油	小さじ1
ナンプラー	小さじ1/4
すし酢	大さじ1

◎作り方

1 トマトは種をとり、身の部分を5mmの角切りにする。きゅうりも縦に5mmの厚さに切り、角切りにする。豆腐は軽く水をきる。

2 豆腐を皿の中央に盛り、小さじ1/8ほどの塩をふる。上からトマト、きゅうりをのせ、残りの塩小さじ1/8をのせる。すし酢、ナンプラー、食べるラー油、すりごまをのせたらでき上がり。食べるときにかき混ぜていただく。

ごはんは、見た目もとても大事。食べてしまえば栄養価は同じだけど、
目の栄養のためには「美しく作ろう」と意識をすることが大切。
たったひとりのための料理であっても、自分だけが見るためのネイルや
下着と同じで、きれいであると、なんとなく心が凛とする。

Harusame aglio olio menu
春雨アーリオオーリオ
メニュー

牛乳ゼリー いちごソース
Milk jelly with strawberry sauce

1人分 *172* kcal

ヘルシーでローカロリーなデザートは、
自分で作るのが一番。
でも、大切なことは砂糖をけちらないこと。
ここでカットしようとすると、
味のない、たくさん食べても満足いかない
デザートになってしまいます。
オレンジソースやキウイソースもおすすめ。
カルシウムといっしょに、
ビタミンもとってしまいましょう。

◎材料 (2人分×2回分・多めに作っておくとよい)

牛乳	1/2カップ
板ゼラチン	5g (水でふやかしておく)
冷たい牛乳	1 1/2カップ
グラニュー糖	大さじ6
*いちごソース	
いちご	8粒
グラニュー糖	大さじ1

◎作り方

1　マグカップに牛乳1/2カップを入れ、電子レンジで1分加熱する。水でふやかしたゼラチンを加えて溶かし、グラニュー糖も加えて溶かす。ここで冷たい牛乳1 1/2カップを加え入れる。器に注ぎ、ラップをして冷蔵庫に入れておく。

2　固まったゼリーの上に、いちごをつぶしてグラニュー糖と混ぜたソースをかけたらでき上がり。

甘いものは、文章でいえば、
ピリオドのようなもの。お酒もごはんも、
もう終わりね、というサインを脳に送ってくれます。
ゼリーは作り方もとてもカンタン。電子レンジを使えば
あっという間にできるんです。見た目はむずかしそうで、
作り方が簡単なレシピのレパートリーをたくさん持っていると、
料理上手な気分を味わえます。
朝ごはんにもおすすめの一品。

ファッション

#02
Fashion

若いときはジーンズとTシャツで生きていけたけれど、
年を重ねると、そうはいかないなと思う今日このごろ。
安いものをたくさん買うより、きちんと選んだ1枚のほうが、
ずっと価値があるということに、気づいたのも今日このごろ。
バッグだって、靴だって、時計だって同じ。
たくさん持つより、選んだひとつを。そうすれば、
大切に大切に使うことができて、最後は残っていくんだなぁ。
大事なものなんて、数はそんなにいらない。

どんな洋服が自分に似合うか、とてもむずかしい問題です。デパートをグルグル回って、こうでもないああでもない、と迷う時間があればいいのだけど、そうでない場合は海のなかでコンタクトレンズを探せと言われているような気分になります。というわけで、自分にないセンスは、私は人に頼ることにしています。「この人センスいいなー」と思ったら、その人の肩をポンとたたいて、「ねぇねぇ、私はどんな洋服を買ったらいいの？？？？？」と素直に聞きます。センスのいい人は、ブランドもすべて知っているので、「どこのブランドの、こんな洋服がよい」と具体的に教えてくれます。そんな人に教えてもらったファッションのことで、なるほど～～！と思ったこと、いくつかご紹介します。

◎発見その１：全身に均等にお金をかけない。
　例えばシャツやパンツ。お金をかけたほうが体型をきれいに見せられるものには、お金をかける。インナーやアクセサリーなど、差がわかりにくいものは手ごろな値段で探す。

◎発見その２：細かい形にこだわるより、色にこだわれ。
　全身のトーンは色で決まるのだそう。同じブルーでも、色の白い人とあさ黒い人では似合うブルーが違う。自分が似合う色を２、３色把握しておき、自分が似合う色だけ選ぶようになると選択肢が減ってグルグル売り場を回らなくてすむのだそう。

◎発見その３：ある程度カラダに肉がつくのは仕方ないけれど、背中には肉をつけるな。
　全身鏡でどれだけ自分を見ても、背中までは目がいかない。でも人の半分は背中を中心とした後ろ姿。背中がきれいに見えるよう、いつも姿勢に気をつけておけば、腹筋も背筋もつく、とのことでした。

◎発見その４：シンプルであればよいという概念は捨てよ。
　シンプルであれば無難だと思って、私もシンプルな洋服ばかり選んできましたが、「シンプルは人を選ぶ」のだそう（トホホ。選ばれませんでした）。大量生産のものはシンプルなデザインが多いので、どこかにデコラティブなものを持ってくるのが大事。ファーやスカーフ、アクセサリーの活用をしてみよう、と教えてもらいました。

　年を重ねればしわやしみ、脂肪が増えるのは仕方ありません。だからこそ、ネイルや洋服に気を遣い、自分自身の存在が人にとっても心地よいものであることは大切ですね。まだまだファッション初心者の私が毎回言われることをそのまんま、お伝えいたします。

485 kcal menu/for one
鮭のムニエル メニュー
Salmon meunière menu

◆ 鮭のムニエル
◆ さっぱりポテトサラダ
◆ オレンジのコアントロー風味

シンプルなごはんでも、
ちょっとしたテーブルセッティングをすれば、
おしゃれな気分を味わえる。
スペースがない、家具もないと
あきらめるのではなく、だからこそ
布やライティングで工夫を。
小さな空間を楽しくするには、
イマジネーションが大切。

器も、まずは安いものを買うのもいいけれど、
アラビアやロイヤルコペンハーゲンの
シンプルな器は、何年経っても新しい。

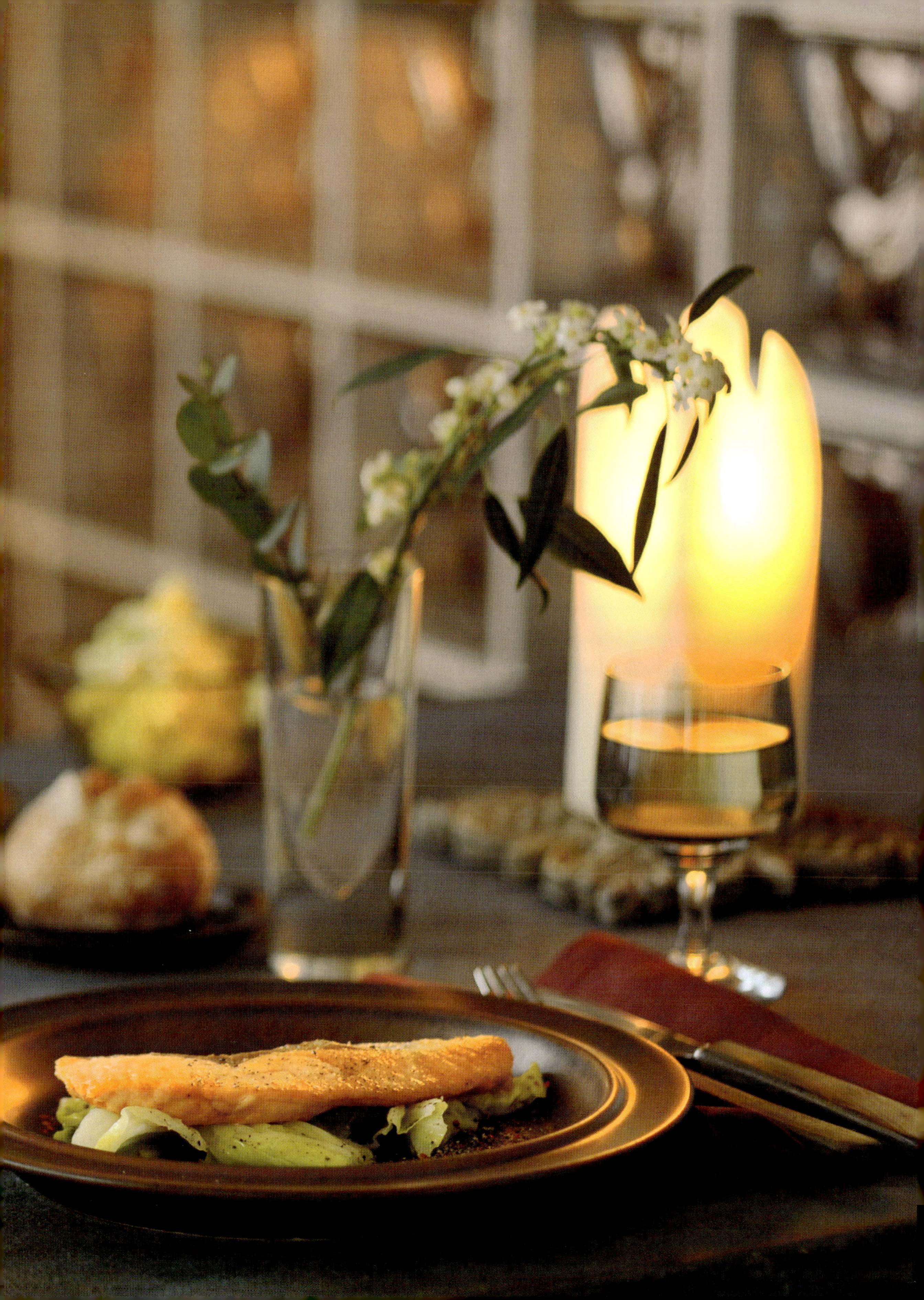

485 kcal menu / for one

鮭のムニエル メニュー

Salmon meunière menu

- ◆ 鮭のムニエル
- ◆ さっぱりポテトサラダ
- ◆ オレンジのコアントロー風味

ヘルシー素材メモ

たんぱく質、脂質、ビタミン、ミネラルとバランスよく含まれるサーモン。おまけにアスタキサンチンという、老化と戦う抗酸化作用をもつ栄養素も含まれる。夜遅いから野菜を食べたらいい、と思ってしまいがちだけど、たんぱく質はとても大切。冷凍庫に1切れずつ保存しておきたい食材。

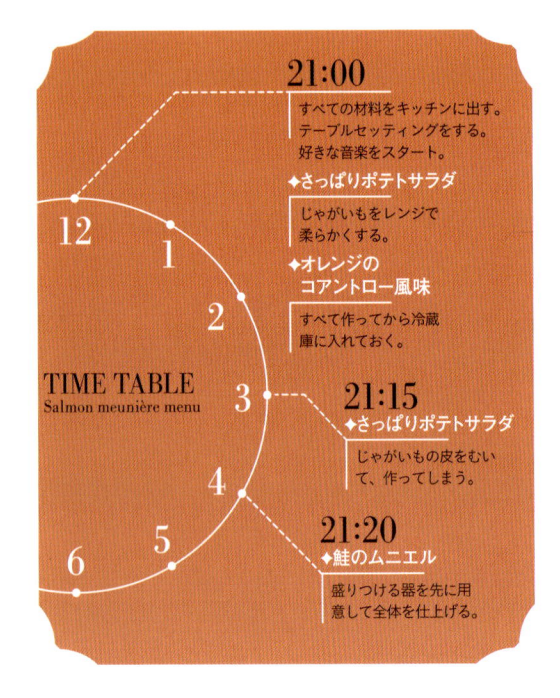

TIME TABLE
Salmon meunière menu

21:00
すべての材料をキッチンに出す。テーブルセッティングをする。好きな音楽をスタート。

◆ さっぱりポテトサラダ
じゃがいもをレンジで柔らかくする。

◆ オレンジの コアントロー風味
すべて作ってから冷蔵庫に入れておく。

21:15
◆ さっぱりポテトサラダ
じゃがいもの皮をむいて、作ってしまう。

21:20
◆ 鮭のムニエル
盛りつける器を先に用意して全体を仕上げる。

鮭のムニエル
Salmon meunière

1人分 266 kcal

ムニエルの基本ができるようになったら、いろんなお魚を楽しむことができる。さわらや金目鯛、鯛、ひらめ、ぶり、まぐろなどもいいけれど、おすすめなのはメルルーサという魚。最近値段が安いためか、いろんなスーパーで見かける。タラ目メルルーサ科の魚で、どこか鶏肉のような味。ムニエルはいろんな切り身でお試しいただきたいスピード調理法。

◎材料（2人分）

＊つけ合わせ用のキャベツ

キャベツ	2枚（5cmの角切り）
すし酢	大さじ1
オリーブオイル	小さじ1
粒マスタード	小さじ1/2
塩	ひとつまみ

生鮭	厚さ1.5cmほどのもの2切れ
塩	小さじ1/3
小麦粉	大さじ2
バター	10g
オリーブオイル	小さじ1
こしょう（お好みで）	適宜
ピンクペッパー（あれば）	適宜

◎作り方

1 つけ合わせを作る。キャベツは耐熱容器に入れ、ラップをして2分ほど加熱する。残りの材料をすべて入れて、全体を和える。

2 生鮭に塩をふり、小麦粉を軽くつける。フライパンを中火で熱し（強火でソテーすると均等に火が通らない）、バター、オリーブオイルを入れ、鮭をソテーする。表3分、裏2分が目安。

3 器にキャベツを盛り、その上に鮭をのせ、お好みでこしょう、あればピンクペッパーを飾ればでき上がり。

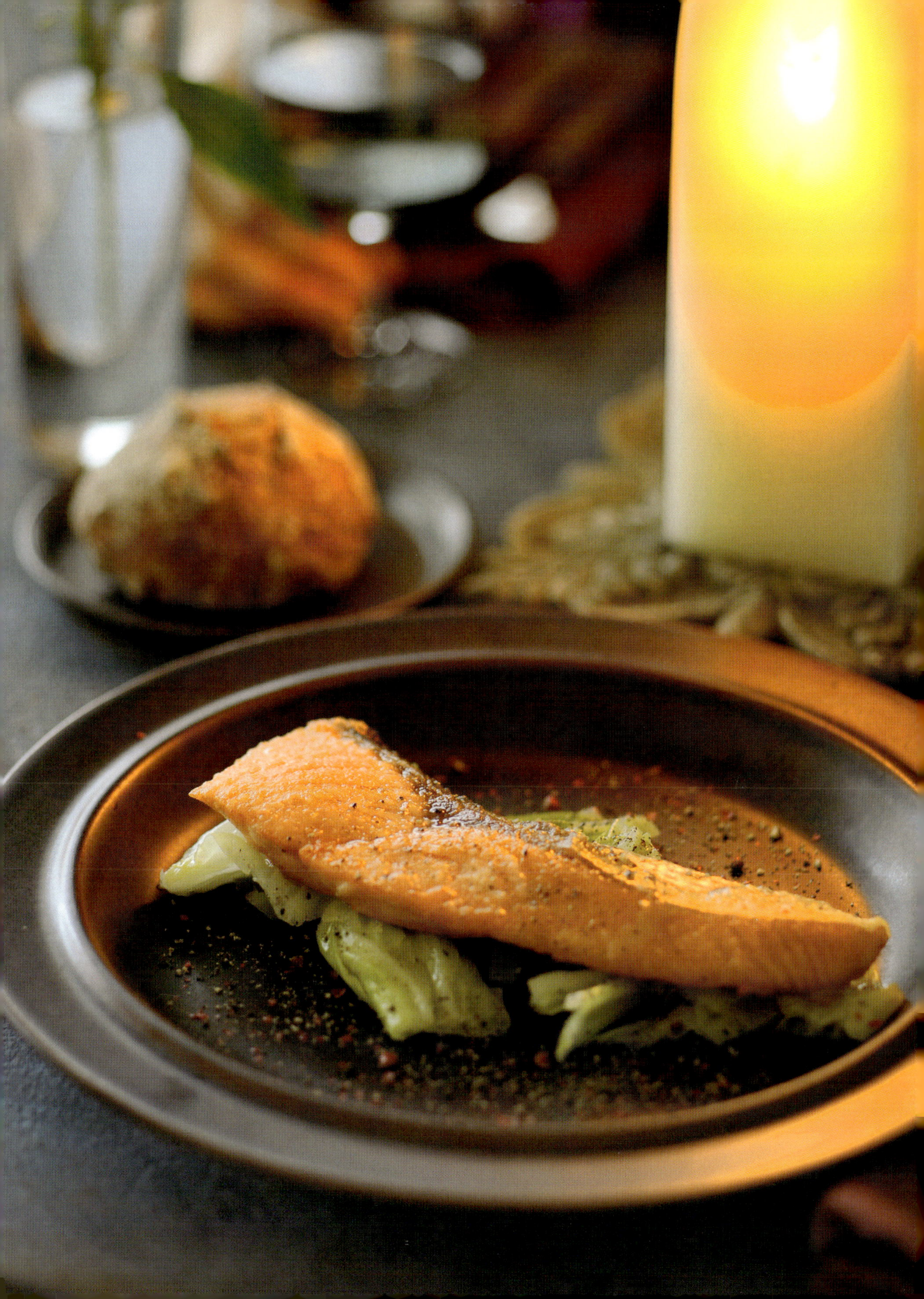

Salmon meunière menu

鮭のムニエル
メニュー

さっぱり ポテトサラダ
Potato salad

1人分 **114** kcal

牛乳やすし酢で味をつけ、
マヨネーズを減らすことでカロリーをオフ。
メインにして食べるのならば、ハムを入れても
おいしい。たくさん作って、次の日に
パンにはさんで食べるのも美味。

◎材料（2人分×2回分・多めに作っておくとよい）

じゃがいも	2個
玉ねぎ	1/2個（薄切り）
きゅうり	1/2本（縦に半分に切って薄切り）
塩もみ用の塩	小さじ1/4
ハム	2枚（半分に切って細切り）

＊調味料

すし酢	大さじ3
牛乳	大さじ2
マヨネーズ	大さじ1

◎作り方

1 じゃがいもはラップにくるみ、5〜6分、柔らかくなるまで電子レンジで加熱する。玉ねぎ、きゅうりには塩をふり、全体がしんなりしたら水けをよく絞っておく。

2 ボウルに皮をむいたじゃがいもを入れ、フォークで全体をつぶす。玉ねぎ、きゅうり、ハム、調味料を入れ、すべてを和えたらでき上がり。パンにはさんで食べてもおいしい。

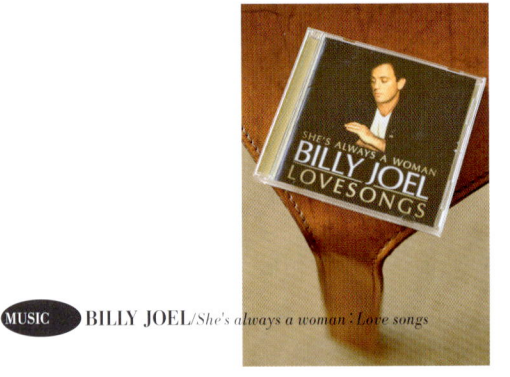

MUSIC　BILLY JOEL/*She's always a woman : Love songs*

ビリー・ジョエル
「ビリー・ザ・バラード」

ビリー・ジョエルの大好きなナンバーが
集まった1枚。いつ聴いても、どんな状況で
聴いてもすばらしい。多分私が高校生のとき、
「男の人から、こんなふうに思ってもらえたら
しあわせだな」と感じた歌詞がいっぱい。
Just the way you areはその代表格。

オレンジの コアントロー風味
Orange & cointreau

1人分 *105 kcal*

オレンジのほかに、グレープフルーツ、キウイ、
バナナ、りんごなどで作ってもおいしい。
くだものを食べたくても皮をむくのが面倒。
だからこそ、時間のあるとき、
楽しいテレビを見ながら、せっせと皮むきをして、
まとめて作っておくとよい。
お肌にビタミンは大切です！

◎材料（2人分）

オレンジ	1個（房から身を出しておく）
コアントロー	大さじ2
砂糖	大さじ1
ピスタチオ（あれば） （皮をむいて刻んでおく）	適宜

◎作り方

1　ボウルにピスタチオ以外のすべての材料を入れ、混ぜたらでき上がり。ピスタチオは最後にふりかける。アーモンドでもよい。

カラダケア
栄養とカロリーと
ダイエット

#03
Health care

どんな食べものに、どんな栄養があって、何をどれくらい食べなくてはいけないか、
知らないで生きているのはとても損。どんなに高価な化粧水を買うよりも、
バランスのとれた食事のほうが血液や肌をつくってくれるということに、気づくことは大切。
ビタミンだけでなく、脂質やたんぱく質が髪や爪をつくることも、知っておきたいこと。

女子同士で食事すると、必ず出てくる話題は、ダイエット。「新入社員のときから5キロ太ったー」「週末に3キロ太ったー」「水、飲むだけで太ったー」「8キロやせたー」「3キロやせたーけど、リバウンドした」。どの話も興味深く、自分の問題でもあるので真剣に聞き入ってしまいます。女性も男性も年を重ねると新陳代謝が落ちてきます。10代で一日に必要なカロリーが2200キロカロリーだった人も、40代になると2000キロカロリーとなり、20代と同じように食べていたのでは確実に太る計算となります。

　ダイエットというと、ついついカロリーだけに目がいってしまいますが、とても大切なのが栄養バランス。人間という生きものを動かしていくために、たんぱく質、脂質、炭水化物、食物繊維、ビタミン、ミネラルなどすべての栄養が必要で、これらの栄養素は互いに化学反応をしてカラダのなかに取り入れられるのに、その大切なことを無視してしまうのです。ついついロー・カロリーの野菜だけを食べたらやせるだろうとか、たんぱく質ダイエットがよいからと、炭水化物はほとんど食べなくてもいいだろう、とか思いますが、本当は野菜だけを取り入れていたのでは新陳代謝の悪いカラダになってしまうし、炭水化物だってエネルギーや栄養分を作りだすのには大切なのです。

　まずは何がどれくらいのカロリーなのか、どんな栄養素を含んでいるか、という最低限の情報を知っておくことは大切です。知っておくと、食べるものの選択が変わります。例えば、あるコーヒーショップのカフェモカ・ラージサイズと、たんぱく質、炭水化物、ビタミンのバランスがとれた定食(ごはん、おみそ汁、しゃけ〈薄めのもの1切れ〉、ほうれん草のおひたしなど)は両方とも500キロカロリーちょっとです。こうなると、ダイエットのためにお昼を抜いて、飲みものだけで乗り切るより、はるかにきちんとしたお昼を食べたほうがカラダのためであることに気がつきます。土が花や木をつくるように、食べものはカラダをつくります。正しい知識を身につけたうえで、ダイエットとつきあっていけたらいいな〜。

626 kcal menu / for one

ローストトマト
パスタメニュー

Roasted tomato pasta menu

◆ ローストトマトパスタ
◆ おかずサラダ
◆ フルーツゼリー

大学生のときから、狭い寮の部屋に
キャンドルとお花だけは欠かさない生活をしてた。
いつも一輪だけ安い花を買っていくので、
フラワーショップのおじいさんは笑っていたけれど、
ガサガサの心に、花とろうそくの光がくれる
エネルギーは、無限大だった。

テーブルに一輪の花とキャンドル、そして音楽を。
少しだけ生活が変化する、最初の一歩かも。

ヘルシー素材メモ

「トマトが赤くなると医者が青くなる」といわれるほど、健康によいとされるトマト。抗酸化作用やビタミンがたくさん含まれています。ふつうのトマトもおいしいけれど、プチトマトは甘くて切らなくてもよい優れもの。かならず冷蔵庫にある常備菜です。

626 kcal menu / for one
ローストトマトパスタメニュー
Roasted tomato pasta menu

- ◆ ローストトマトパスタ
- ◆ おかずサラダ
- ◆ フルーツゼリー

TIME TABLE
Roasted tomato pasta menu

＊前日または朝
◆フルーツゼリー
ゼリーだけを作っておく。

21:00
すべての材料をキッチンに出す。テーブルセッティングをする。好きな音楽をスタート。

◆ローストトマトパスタ
トマトを切ってローストし始める。お湯をわかす。

21:15
◆おかずサラダ
まずは卵をゆで始める。

21:18
◆ローストトマトパスタ
パスタをゆで始める。

◆おかずサラダ
材料を切ってボウルに入れる。仕上げておく。

◆フルーツゼリー
フルーツゼリーのフルーツも切って仕上げておく。

21:27
◆ローストトマトパスタ
ローストトマトのソースをパスタとからめて仕上げる。

1杯のワインは、心のねじを
フ〜ッと緩めてくれる。
トマトソースには白ワインも合うけれど、
サンジョベーゼのイタリアワインもよく合う。
特にローストして甘みが出たトマトには、
合うんだなぁ。

ローストトマトパスタ
Roasted tomato pasta

1人分 **380**kcal

トマトソースの作り方にもいろいろあります。
プチトマトだけで作るソース、桃太郎などの
ふつうのトマトで作るソース、そしてトマトを
ローストして甘みを引きだしておいてパスタに
からめるソース。どのソースも美味ですが、
ローストするのは、少し大人っぽい。
ここに松の実を加えたり、パルメザンチーズを
たっぷりのせるのもおいしいですよ。

◎材料 (2人分)

＊ローストプチトマト（多めに作っておくとよい）
　プチトマト ———————— 1パック
　塩 ———————————— 小さじ1/3
　オリーブオイル ——————— 大さじ1
唐辛子 ———— 1/2本（種ごとみじん切り）
E.V.オリーブオイル —————— 大さじ1
パスタ ——————————————— 140g

◎作り方

1　ローストプチトマトは時間のあるときに作っておく。プチトマトのへたを取り、半分に切って、オーブンの上に切り目を上にして並べ、150度で20〜25分、少し水分が飛ぶまで加熱する。多めに作って瓶に入れ、塩、オリーブオイルを入れて保存しておいてもよい。お好みでにんにくの薄切りも10分ほどローストする。

2　パスタは2ℓのお湯に対し、塩大さじ2（分量外）を入れた熱湯で、指定の時間より30秒ほど短めにゆでておく。同じ鍋でサラダ用の卵をゆでるといい。

3　ゆで上がったパスタに、ローストトマト、唐辛子、お好みでバジルをのせて全体を和えていただく。お好みでパルメザンチーズをふる。

おかずサラダ
Okazu salad

1人分 **140**kcal

サラダには野菜だけでなく、ツナ缶や卵を入れるとたんぱく質をとることができる。ゆで卵やゆで野菜などは3日はもつので、多めに作っておくと便利。次の日は違う味つけで食べたり、サンドイッチに入れるとよい。

◎材料（2人分）

卵	2個
スナップえんどう	10本
ツナ缶（水煮のもの）	80g（1缶分）
すし酢	大さじ1
マヨネーズ	大さじ1
粒マスタード	小さじ1/2
サニーレタス	2枚
（食べやすい大きさにちぎる）	
りんご	1/2個（5mm厚さのいちょう切り）

◎作り方

1 ゆで卵を作る。鍋に水と卵を入れて（ひたひたに）ふたをし、火にかけて沸騰したら弱火にし、9分ほど温める。ゆで卵にひびを入れてから、水につけておくとむきやすい。スナップえんどうもゆで卵のお湯でいっしょにゆでるか、ラップにくるんで、電子レンジで2分ほど加熱して柔らかくしておく。

2 ボウルに皮をむいてざく切りしたゆで卵、スナップえんどう、油をきったツナ缶、すし酢、マヨネーズ、粒マスタードを入れて全体をざっくり混ぜる。

3 洗って水けを切ったサニーレタス、りんごを器に盛り、その上に2をのせたらでき上がり。サニーレタスなどはまとめて洗って、ビニール袋に入れておくと、3、4日はもつ。

MUSIC　CHRIS BOTTI/This is Chris Botti

**クリス・ボッティ
「クリス・ボッティ・ベスト」**

クリス・ボッティのベストアルバム。オーソドックスのなかに新しさが、新しさのなかに懐かしさがある。変化させるべきものと、させないもののラインが、彼のなかにはっきりしているのだと思う。トランペットを吹く姿といったら……。私のなかではスティングと並び、スペシャルな存在。

Roasted tomato pasta menu

ローストトマト
パスタメニュー

フルーツゼリー
Fruits jerry

1人分 **106** kcal

フルーツを固めてしまうゼリーも
あるけれど、こんなふうに
崩したゼリーをかけると、
どこかレストラン風。
ホイップクリームでものせたら、
ディナー会の軽いデザートにもなる。

◎材料 (2人分×2回)

水	1/2カップ
（うち1/4カップは白ワインでもよい）	
板ゼラチン	6g（水でふやかしておく）
冷たい水	1カップ
グラニュー糖	大さじ6
お好みのフルーツ（マンゴー、洋梨、バナナ、桃など）	1カップほど

◎作り方

1 マグカップに水1/2カップを入れ、電子レンジで1分加熱する。水でふやかしたゼラチンも入れて溶かす。グラニュー糖、冷たい水を加え入れる。器に入れて冷蔵庫で固める。

2 お好みのフルーツ（マンゴー、洋梨、バナナ、桃など）を1cm角に粗く切る。フォークでかき混ぜたゼラチンとフルーツを和えたらでき上がり。

女性の選択

#04
Make a choice

最後は女友だちかな、と最近思う。ある意味、
恋愛のようにクロスすることを求めるのではなく、
平行線であるのをよしとすることに、
長続きの秘訣があるのかもしれない。

多くを期待せず、互いに力になる存在。
異性とも、そんな関係を築けたら、もっと素敵な
世界かもしれないのに、なかなかむずかしい。
大事にしよう、女友だち。

うーん、女性は悩める生きものですなぁ。20代の前半は、始めた仕事を続けていいものかどうかで悩み、20代後半は例え彼氏とうまくいっても、仕事がおもしろくなって、結婚するか迷い、30代になったら、このままひとりも気楽かもな〜と思い、例え結婚しても子どもを産むか、仕事を続けるかなど悩み、今度は子どもが産まれたとしても、子どもの進路で迷い、ときには離婚しようか、そして再婚をしようかと悩む。多くの男性と違って、仕事をしない選択肢もあるからこそ、悩みが続く性でもあります。

　どこかの時点で潔くひとつの道を選択する人生にも憧れますが、同時にアメリカ人の女性がよく使っていた「Do it all.」という言葉にも憧れます。Do it all. というのは、まずは全部やってみなさいよ、という言葉。反対の「二兎を追うものは一兎をも得ず」という日本的文化圏で育った私には、新鮮な言葉であり、新しい女性の生き方でした。

　欧米やアジアの女性と日本女性を比べると、日本女性は固定観念にしばられて、もったいないと感じることがあります。結婚したら仕事を辞めなくてはいけない。子どもが産まれたら家にいてあげなくてはいけない。子どもは絶対母乳で育てなくてはいけない。離婚したら再婚はむずかしい、などと。やってみたらできるかもしれないのに、なぜか自分でハードルを高くしてしまう癖があるような気がします。

　一方私は、いろいろやってみたいな、と思うために、たくさんのミスをしてきましたが（笑）、親しいアメリカ人女性から「No one is perfect.（完璧な人などいない）人間は失敗する生きものなのよ。同じミスさえしなければそれで成長。私だって失敗だらけだけど、今はしあわせ」と言われ、気が楽になったことがありました。選択を迫られたときに、安全を選んで何もしない、というのもひとつの手ですが、失敗しても自分が再生する力を信じてやってみる、というのもひとつです。一番もったいないなと感じるのは、勝手に自分で壁を作ってしまうこと。コツコツレンガとセメントで「できない壁」を作り上げて、「よーし、これで道は断つ」と自分から閉ざしてしまうこと。私もね、時々やりますけど（笑）、せいぜい発泡スチロールくらいで、軽く蹴ったらこわれるくらいの壁にしておこうと思います。まずはDo it all。

深夜、パチパチパチパチするパソコンの音は、
時にさびしい音であり、時に楽しい音に変わる。
それは心を映しだす音でもあって、自分で聞いていても
「ああ、楽しげだな」「つまらなそうだな」と感じたりする。
誰かのパソコンが楽しげな音をたてているとき、
私まで うれしくなったりする。指はいつも音楽を奏でる。

687 kcal menu / for one

10分カレー
メニュー

10 minutes curry menu

- 10分カレー
- トマトサラダ
- りんごの赤ワイン煮

カレールーたっぷりのカレー、大好きなんだけど、いかんせんカロリーが高い。
なので私は少なくするために、ルーを減らしてスープカレー風にアレンジします。
実がとても合うのは麺つゆとの組み合わせ。選ぶ野菜は何でもオッケー。
ごはんを少なめにしても、満足のいくカレーメニューです。

687 kcal menu // for one

10分カレーメニュー

10 minutes curry menu

- ◆ 10分カレー
- ◆ トマトサラダ
- ◆ りんごの赤ワイン煮

TIME TABLE
10 minutes curry menu

＊前日または朝
◆りんごの赤ワイン煮
りんごの赤ワイン煮を作っておく。

21:00
すべての材料をキッチンに出す。テーブルセッティングをする。好きな音楽をスタート。

◆10分カレー
材料をすべて切って煮始める。

21:20
◆トマトサラダ
皮をむき、サラダを作る。

◆10分カレー
ごはんを解凍するかパックごはんを温めカレールーをかける。

10分カレー
10 minutes curry

1人分 **522** kcal

お野菜はお好みで何でもいい。圧力鍋があれば、野菜は圧がかかってから1〜2分ですべてできるからとても楽。電子レンジを使うなら、切った野菜をすべてラップなどにくるみ、おまかせ調理をしておけば、あっという間にでき上がり。ごぼう、大根、かぶ、根菜がとても合う一品です。

◎材料 (2人分)

- にんにく ── 1かけ (薄切り)
- オリーブオイル ── 小さじ1
- コチュジャン ── 小さじ1
- 豚こま切れ肉 ── 60g (大きければ一口大に切る)
- カレールー ── 20gほど (1皿分ほど)
- 水 ── 300ml
- 麺つゆ ── 大さじ2

＊以下お好みの野菜だけでよい

- かぼちゃ ── 1/4個 (7mm厚さに切る)
- にんじん ── 1/2本 (皮をむき3cm角の乱切り)
- じゃがいも ── 1個 (4等分する)
- れんこん ── 4cm分 (縦半分に切って1cm厚さに切る)
- いんげん ── 6本 (へたをとっておく)
- 青じそ ── 5枚 (みじん切り)
- ごはん ── 300g (パックごはんなら1.5パックほど)

◎作り方

1 鍋ににんにく、オリーブオイル、コチュジャンを入れてさっと炒め、豚肉を入れて全体を炒める。水、麺つゆ、カレールーを入れて沸騰したらでき上がり。途中で豚のあくをとる。

2 野菜は冷蔵庫にあるものを適宜切る。ラップにくるみ、電子レンジで柔らかくする。電子レンジの温め機能を使えば、判断して柔らかくしてくれる。(圧力鍋で柔らかくするなら2分が目安)

3 お皿の真ん中にごはんを盛り、まわりに野菜をおく。ごはんの上にソースをかけ、青じそをたっぷりのせたらでき上がり。

10 minutes curry menu
10分カレーメニュー

トマトサラダ
Tomato salad

1人分 **88**kcal

時間がないときは、そのままでもいいけれど、皮をむいたトマトはさらに口当たりがいい。まとめて多めに作って朝食にもどうぞ。目玉焼きに合います。

◎材料（2人分）

トマト	2個
塩	少々
キャベツのせん切り	2カップ分
マヨネーズ	小さじ2
すし酢	小さじ2
酢	小さじ2

◎作り方

1　キャベツのせん切りをボウルに入れて、マヨネーズ、すし酢、酢とざっくり混ぜて器にこんもり盛る。

2　トマトは6等分に切る（トマトの皮をむくとさらにおいしい。皮に切れ目を入れ、電子レンジで30秒ほど温めると皮をむきやすい。皮をむいて再度冷やすとおいしい）。キャベツの上にトマトに塩を適宜ふったものをのせてでき上がり。

MUSIC
Nujabes/Metaphorical music

Nujabes
「メタフォリカル・ミュージック」
アルバムは、どれも好きだった。
なかでも好きな曲は、Counting Stars、
Reflection Eternal、Luv、Light On The Land、
そしてFeather。何度聞いても新しくて、
どこか哀しくて、優しくて、
そしてどこか通じるものを感じる。
そんな日本人アーティストが、
36歳で天空に消えた。悲しい。

りんごの赤ワイン煮
Apple with lemon

1人分 **77** kcal

りんごは赤ワインととても合います。
砂糖で煮てもいいし、はちみつで
煮るのも美味。煮るためのりんごとしては
秋に出回る紅玉が最高ですので、
ぜひ見つけたら煮てみてくださいねー。

◎**材料**（4人分）

りんご	2個
赤ワイン	1/2カップ
水	1/2カップ
砂糖	大さじ5

◎**作り方**

1　りんごは4等分にして芯をとる。皮をむいてさらに8等分する。

2　鍋にすべての材料を入れて火にかけ、沸騰したら5分ほど煮てでき上がり。冷めたら、ガラスの器などに入れて保存する。お好みでシナモン少々かけてどうぞ。

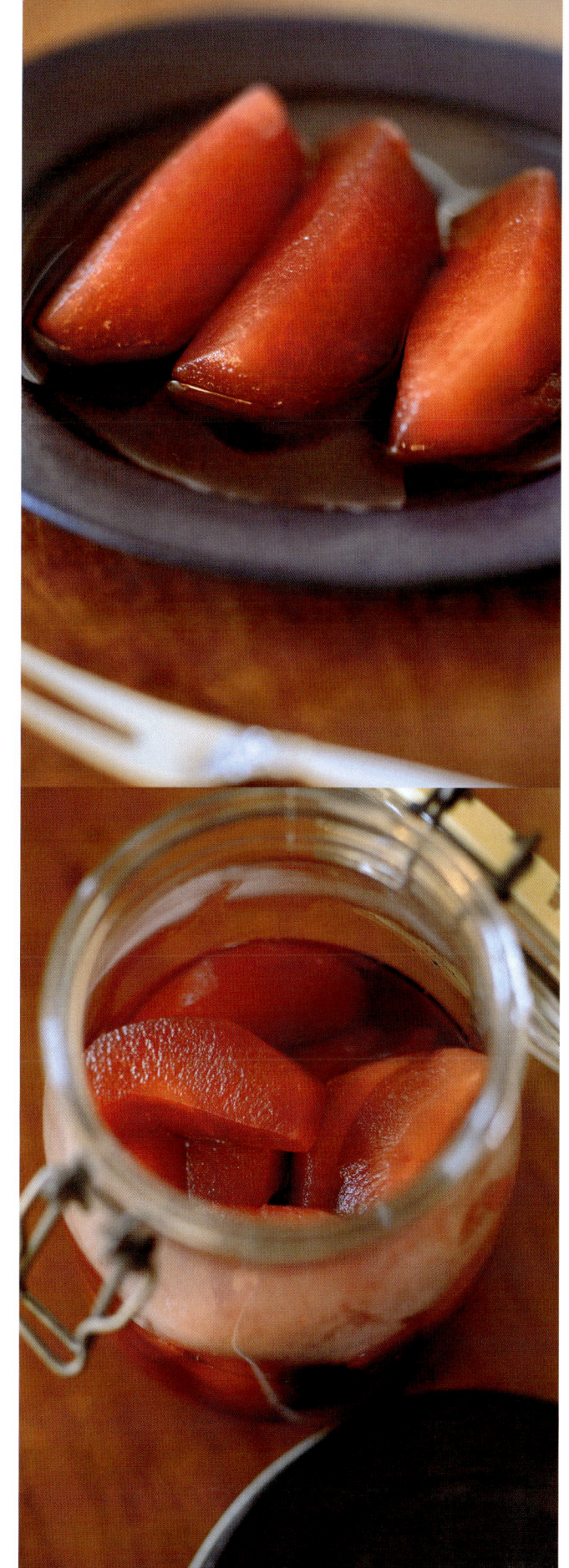

最後は
女友だち

#05
Female friend

女友だちとお酒を飲む。笑う。泣く。
美しいバレエを見たり、旅をする。
男性との関係とは違って、
突然、積み木のように崩れるものではなく、
セメントでレンガを固めていくような時間。
互いに正直であれば、
どこまでも、いつまでも、高くなっていく。

本当に離れたくない人と、
別れのない友だちであるというのは、ほっとする。
大切な時間。

人間、思春期を迎えると、異性がとても大切になります。異性との出会いにすべてのエネルギーを費やすこともあります。でも、異性との出会いには、かなり大きな確率で「別れ」というスペシャルなオマケがついてきます。これはなかなか避けがたいものです。本当に楽しい時間も重ねられるのだけど、何かのイベントで互いの信用を失い、そして別れてしまうと、もとの感情に戻ることがとてもむずかしい。お互いに大好きで、傷つけあうつもりなんてなかったのに、いつしか傷つけあってしまうことだって、あるのです。

そんなとき、「やっぱり素敵な女友だちは最高だな」と思います。互いに深く入り込まないから、けんかをすることもない。こうしてほしい、ああしてほしいと求めてもいないから、期待を裏切られることもない。長い年月をかけて、いっしょにお酒を飲みに行けたり、映画に行けたり、旅行に行けたり。もちろん互いに羨ましく思うこともあるし、悪口を言いたくなることだってある。それに、同じスピードで歩み続けることは大変です。

『フォーエバー・フレンズ』という大好きな映画のなかでも、主人公役のベット・ミドラーと女友だち、バーバラ・ハーシーは、30年という年月のなかで、離れてしまうことがあります。互いに理解しきれない時期だって、女同士にもあるということ。でも女と女だから「じゃあ、別れましょう」という決定的な結論を下すことはありません。自然に離れて、そしてまた時間が経つと、自然にひっついていく。

いつか別れがくるかもしれない異性との関係を、必死で守り抜くことも大切だけど、いつか大事なときに寄り添ってくれるのは、かならずしも異性ではないのかもしれないと、大人の女性代表の、ベット・ミドラーが語りかけていたのかもしれません。彼女の演技もすばらしいのだけど、音楽は極上。特にWind beneath my wings（愛は翼にのって）のメロディーと歌詞は、同性の大切な友人を持っている人には、響きまくりです。また見たいな。この映画。

550 kcal menu / for one

しょうが肉みそ
チャーハンメニュー

Fried rice with pork & ginger menu

- しょうが肉みそチャーハン
- 大根とキムチのスープ
- 豆乳・牛乳ゼリー

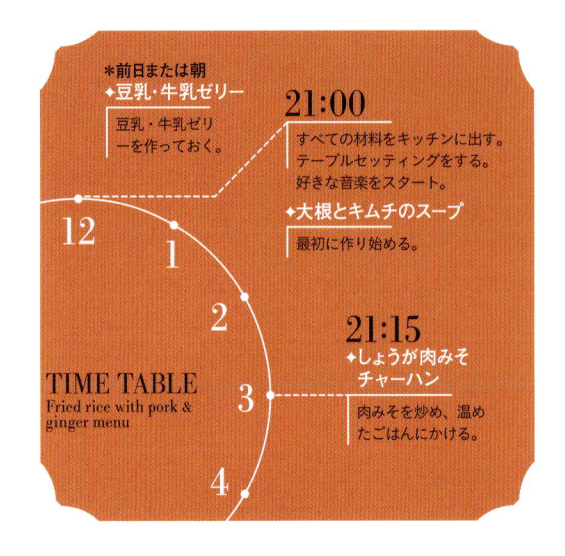

TIME TABLE
Fried rice with pork & ginger menu

＊前日または朝
◆豆乳・牛乳ゼリー
豆乳・牛乳ゼリーを作っておく。

21:00
すべての材料をキッチンに出す。テーブルセッティングをする。好きな音楽をスタート。
◆大根とキムチのスープ
最初に作り始める。

21:15
◆しょうが肉みそチャーハン
肉みそを炒め、温めたごはんにかける。

しょうが肉みそチャーハン
Fried rice with pork & ginger

1人分 **336 kcal**

21時から楽にごはんを食べるための大切なポイントは、まとめ作りをしておくこと。しょうが肉みそも、ごはんに混ぜてチャーハンにするだけでなく、ごはんにのせる、うどんにのせる、焼そばにすると、いろんなバリエーションを楽しむことができます。牛ひき肉や、鶏ひき肉で作っても、スパイスに豆板醤、カレー粉を混ぜてもおいしい。少しずつアレンジして、楽しい味を見つけていってください。

◎材料（1人分）

しょうが肉みそ	（下記の分量の）1回分
ごはん	150gほど
きゅうり（お好みで）	1/2本
（縦半分に切って薄切り）	

＊しょうが肉みそ（5回分）
（余ったものは冷蔵庫か冷凍庫に入れておく）

豚肉	100g
しょうがのみじん切り	大さじ2
にんにく	1かけ（みじん切り）
ねぎ	1/2本（みじん切り）
食べるラー油	大さじ1
粉山椒	小さじ1/2
ナンプラー	小さじ1
塩	小さじ1/8
砂糖	小さじ1

◎作り方

1 フライパンに、肉みその材料をすべて入れ、中火で全体を4～5分炒める。5回分は作っておき、残りは冷凍するか、冷蔵庫に入れておく。

2 食べるときは、肉みその1回分をフライパンに入れ、温かいごはんを入れて全体をからめるか、白いごはんの上にのせる。お好みで、塩もみして水をギュッと絞ったきゅうりをのせ、お漬物代わりにどうぞ。

ヘルシー素材メモ

しょうがは、カラダを温めたり、抗酸化作用があったりと、さまざまな効能で有名な素材ですが、何よりその辛みやさっぱり感が、味としてもすばらしい。魚だけでなく、肉、野菜の調理をするときに何に入れてもおいしいのが特徴です。私が入れるときは、大さじ単位で入れてしまいます（笑）。でも辛いのが苦手な方は少なめに。

夜遅くに、ごはんをたくさん食べるときは、
量をちょっと軽めにする。そのぶん、
豚肉やねぎ、しょうがを加えたり、
チャーハンの上に目玉焼きをのせて、
ビタミン、たんぱく質を同時にとるようにする。

それからそれから、ビールやワインも忘れない。
家に帰ってきたんだもの。
今日も自分にお疲れさま、よくやった、
よくがんばったと、ほめてあげなくちゃ。
また明日も、がんばろう。

ごはんには、かならずスープをつける。野菜だけのスープだったり、残っているひき肉を入れたスープだったり、牛肉のスープだったり。胃袋が温まると心も温まる。そうそう。スープといえば、やっぱり韓国、好きだなあ。カラダを温めることを、とても大切にしている国。冬のオンドルも、夏のサウナも、頭のてっぺんからつま先まで、リラックスできる。たいへんなことも、あるもんさ。大人なんだもの。でもまた眠れば、新しい一日がやってくる。

Fried rice with pork & ginger menu
しょうが肉みそ
チャーハンメニュー

大根とキムチのスープ
Kimuchi soup

1人分 **68** kcal

大根って、一人暮らしのときの大活躍野菜。
サラダに、煮物に、スープに、おみそ汁にと
いろんなものに使えて、しかもリーズナブル値段。
ビタミンCも含まれ、胃もたれも助けてくれる。
キムチも同じく大好き素材。冷蔵庫に欠かすことは
ほとんどない。ここに豚肉や牛肉を少し入れても
おいしい。あさりもおすすめですよー。
お肌をキレイにしたい夜は、
すりごまをたっぷりかけてどうぞ。

◎**材料**(2人分)

水	2カップ
キムチ	1/4カップ分
大根	4cm分
（皮をむき、薄切りにしてせん切り）	
中華スープの素	小さじ1
ナンプラー	小さじ1
ねぎ（青い部分）（お好みで）	適宜

◎**作り方**

1　すべての材料を鍋に入れ、大根が柔らかくなるまで煮たらでき上がり。お好みでねぎの青い部分を飾りにどうぞ。

ヘルシー素材メモ

血液サラサラ効果で有名なねぎ。ビタミンC、カリウムなどが多く、昔からにんにく、しょうが、ごまと並んで健康食材とされる。毎回刻むのが面倒ならば、一本丸ごと刻んで冷凍しておくとよい。そんな小さな努力が、21時からのごはんを楽で楽しいものにしてくれます。

MUSIC　PUTUMAYO PRESENTS *Acoustic Brazil*

オムニバス
「アコースティック・ブラジル」

ブラジルやカリブの音楽に精通される方に
いただいたオムニバスCD。
朝に昼に夜に、いつかけていても心地よい。
なかでも私が好きなのはRenato Braz。
彼の歌声はそれはもう、
とろけてしまいそうな優しさ。
まずはこちらを聞きながら、ビールを1杯。
今度はRenato BrazのCDで、ラム酒を1杯。
そんな週末の午後はいかがでしょう。

Fried rice with pork & ginger menu
しょうが肉みそ
チャーハンメニュー

豆乳・牛乳ゼリー
Soymilk & milk jerry
1人分 **146** kcal

カラダによいものを集結させてみました。
でも、とてもおいしいです。カラダによいだけでは、
人間続かない。やっぱりおいしくするためには、
ちゃんと砂糖も入れて、脳においしいと感じてもらわなくちゃ。
黒ごまでもおいしいですよ。

◎材料（4人分）

＊半分の分量で作ってもよいが、
　3、4日もつので作っておくとよい

- 板ゼラチン ── 5g（水にふやかしておく）
- 牛乳 ── 1カップ
- 豆乳 ── 1パック（200ml分）
- 砂糖 ── 大さじ4
- すりごま ── 1/3カップ

◎作り方

1　耐熱容器に豆乳を入れて、電子レンジで1分半温める。

2　ふやかしたゼラチン、砂糖、すりごまを加えて溶かし、牛乳を入れる。

3　タッパーなどに入れて冷やし固めたらでき上がり。

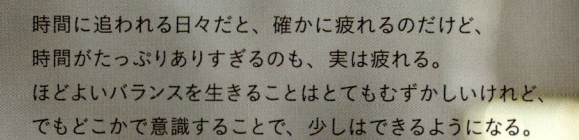

時間に追われる日々だと、確かに疲れるのだけど、
時間がたっぷりありすぎるのも、実は疲れる。
ほどよいバランスを生きることはとてもむずかしいけれど、
でもどこかで意識することで、少しはできるようになる。

たとえば忙しいときの週末のお掃除。
タラタラやっていたら、あっという間に夕方になってしまう。
だから、ひとりでも午後には映画に行く予定を入れて、
チケットもオンラインで買ってしまって、
目覚まし時計を11時にセット。そう、この時間までには
1週間分の掃除をして、私はでかける準備をしますよ、というサイン。
そこまでがんばったら、あとはほったらかしでよい。
完璧に終わらせようとすると、疲れちゃうから、
80パーセント終われば、うん、よくがんばった。もうでかけていいよ。

同時に時間がありすぎるときも、
3時になったらスポーツクラブに行きますよ、と決めてしまう。
ついつい時間があると、海外ドラマを見続けてしまって（笑）、
カラダ動かさずに疲れてしまうんです。
昔はねぇ、『24』を24時間で見るんだ、とか、
バカなことをやっていましたが、今はもうできません。
これからは、時間と楽しく、つき合っていきたいと思う。

話を聞く
話をする

#06
Listen and talk

イタリアのヴェニスで出合った月と太陽。
太陽が女性に見えるときもあれば、
男性に見えることもある。
でも話を聞いてあげているのが太陽で、
聞いてもらっているのは月のように見える。
通じあっているその雰囲気がとても好きで、
家の壁にかけている。

私たちは時に、話をしてもわかってもらえないから
あきらめることがある。
でもそれでは自分の感情に蓋をしてしまう。
自分にウソをつくことも得意になってしまう。
そして最後に行きつくところは、「無感の世界」
なのではないかと思う。思うことを言うことも、
思ったことを聞くことも、生きている限り大切。
わかったかわからないか、
どちらが正しい、正しくないというのは
どうでもいいことで、
「声という音にしてみること」が大事なのだと思う。
人間のカラダが音を奏でると、そこに
エネルギーが生まれ、エネルギーが消えていく。
浄化されて、また別のエネルギーを
生みだすことができる。

大事な自分がこわれる前に、声に出してみたい。
大事な人がこわれる前に、声を聞いてあげたい。
月と太陽のように。

話をすること、話を聞くことは大切な癒しなんだなと、ますます感じます。大人になると子どもみたいに素直にはなれなくて、「これはいや、あれもいや」とはなかなか言えるものではありません。仕事だって、人間関係だって、我慢することがほとんどです。でもそうなると、人間どこかでボカーンと爆発してしまう。私など、精神強いように見えて(笑)当たり前に弱いところもあるものだから、悩みが多いと、突発性難聴とか、偏頭痛の病気になってしまう。

「甘いなぁ、まだまだだな」と反省しつつも、カラダがおかしくなってしまったら、仕方がありません。いつになったら治るのかもわからないと、不安になると気持ちが沈んでしまうから、なんとか自分を守らなくてはならなくなります。そんなときに自分自身が再生できるかどうかは、心の奥にひっそり隠れる素直な言葉を、誰かに発することができるかできないかにつきるのではないか、と思うことがあるのです。「こんなふうにがんばったんだけど、だめだった。自分の力では、どうしようもないことが、起こってしまった。いろいろだめかもしれない」と。聞いてくれる人には、的確なアドバイスをくれる人ではなく、妹や、本当に心を割って話ができる友人たちがいいな。「そっかそっかー。大変だったねー。でも、きっと大丈夫。だってがんばっているじゃない。私は見ているよ。あなたは大丈夫」と、彼女たちはとびきりの思いやりをもって、接してくれます。

結局、思いやりは「想像力」だと思います。相手の立場を考えてみて、一度自分に置き換えてみて、そして自分だったらどうするだろう。何をされたらうれしくて、何を言われたらいやだろう。人の気持ちを大切にできる人に話を聞いてもらうと、「そっかー、でも大丈夫だよ」という言葉だけで、ハグされているような気分になります。何度も何度も、私は助けられてきたな。だからこれからは、私も大切な人のお話を聞きたいな、と思います。片手で数えられるだけの人数でいい。話を聞いたり、話をできる人を持つことは大事ですね。

夜、食べてほっとするのは具だくさんのスープ。
ひき肉類は買ってきたら小分けにして冷凍しておくのがポイント。
解凍はレンジでやってしまえば、あっという間。
野菜は玉ねぎ、じゃがいも、セロリ、にんじん、ほうれんそう、
ごぼう、何でもいいんです。とにかくこのスープの材料に、
あるものをどんどん入れていけばいい。野菜を入れすぎて
味が薄くなったら少し塩を足してみてくださいね。

524 kcal menu/*for one*
ピリ辛豆腐スープ メニュー
Tofu soup menu

◆ ピリ辛豆腐スープ
◆ しらすごはん
◆ 梨のシロップ漬け

524 kcal menu/for one
ピリ辛豆腐スープ
メニュー
Tofu soup menu

◆ ピリ辛豆腐スープ
◆ しらすごはん
◆ 梨のシロップ漬け

ふつうのどんぶりもほしいけれど、和風にも洋風にも使えるものがひとつあるとステキ。
この器は、かぼちゃスープ、ミネストローネ、親子丼、何にだって合う。

ピリ辛豆腐スープ
Tofu soup

1人分 252 kcal

辛いものを食べるとカラダがぽっぽしてきます。
温まって新陳代謝がよくなっているはず。
たっぷりのしょうがを入れると、またおいしい。
すりおろして冷凍庫などに入れておくと便利です。

◎**材料**（2人分）

- ごま油 ── 小さじ2
- にんにく ── 1かけ（薄切り）
- 鶏ひき肉 ── 50g
- 豆板醤 ── 小さじ2
- 粉山椒 ── 小さじ1
- *スープ
  - 水 ── 4カップ
  - ナンプラー ── 大さじ1
  - 塩 ── 小さじ1/4
  - 中華スープの素 ── 小さじ2
  - キムチのざく切り ── 1/4カップ分
  - 干しえび（あれば） ── 小さじ1
- 豆腐 ── 1丁
- ねぎ ── 1袋（1.5cm幅の斜め切り）
- えのきだけ ── 1袋（根元を切り、半分に切る）
- にら（みじん切り）（あれば） ── 適宜
- 卵（お好みで） ── 適宜

◎**作り方**

1 鍋にごま油を入れ、にんにく、鶏ひき肉、豆板醤、粉山椒をさっと炒める。スープの材料をすべて加える。

2 豆腐は手でちぎって鍋に加え、ねぎ、えのきだけを入れて強火にかける。沸騰したらふたをして、弱火で1分温めたらでき上がり。彩りと栄養価的にも、あればにらをちらすとキレイ。お好みで卵を溶き入れてもよい。

ヘルシー素材メモ

畑の肉、と呼ばれる豆腐。女性ホルモンを整えるというイソフラボンも入っていて、かつ低カロリー。冷蔵庫にはかならず常備しておきたい材料。最近は1丁を半分に割れるパックで売ってあるものもあるので、一人暮らしにも便利。夜はスープに、次の日は豆腐ステーキ、豆腐サラダにと、いろいろ活用できる。

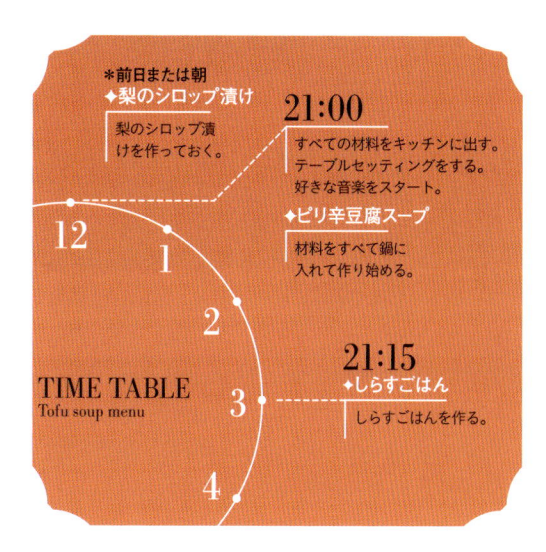

TIME TABLE
Tofu soup menu

*前日または朝
◆梨のシロップ漬け
梨のシロップ漬けを作っておく。

21:00
すべての材料をキッチンに出す。テーブルセッティングをする。好きな音楽をスタート。

◆ピリ辛豆腐スープ
材料をすべて鍋に入れて作り始める。

21:15
◆しらすごはん
しらすごはんを作る。

Tofu soup menu

ピリ辛豆腐スープ
メニュー

しらすごはん
Shirasu gohan

1人分 199kcal

カルシウム、ビタミンが豊富なしらす。
すこし干したじゃこもおいしいけれど、
釜揚げしらすも最高。青じそを混ぜたり、
ごまをかけたり、お好みで山椒とごま油、
塩の組み合わせで食べてもおいしい。
小分けして冷凍しておくのがおすすめ。

◎材料（2膳分）

ごはん	200g（1パック分）
しらす	大さじ4
青じそ	5枚（みじん切り）
塩	親指と人差し指で3つまみ
すりごま	小さじ2

◎作り方

1　ごはんは温めてボウルに入れる。しらす、青じそ、塩を入れて全体を混ぜる。器に盛りつけ、すりごまをのせたらでき上がり。

MUSIC　ROSEMARY CLOONEY/Jazz singer

**ローズマリー・クルーニー
「ジャズ・シンガー」**

俳優ジョージ・クルーニーのおばである
ローズマリー。歌手としてだけでなく、
女優としても活躍していた。なんとも
大人っぽく、かすれた声が特徴で、力強く
歌い上げていくところがかっこいい。
こちらのアルバムではないのだけど、
彼女のTenderlyもすばらしい。
美しい女性から、こんなふうに歌われたら、
私もうっとりです。

梨のシロップ漬け
Pear with syrup

1人分 **73** kcal

梨って、当たり外れがありますね(笑)。しゃりしゃりでおいしいときもあれば、
ふかふかで、どうしようかな、と思うときもある。ふかふかのときはですね、
もっとふかふかにすればいいんです。シロップ漬けにすると、
1週間はもつのでデザートにも、朝のヨーグルトのお供にも、便利です。

◎材料 (2人分×2回)

梨	大1個
白ワイン	1/4カップ
水	1/4カップ
砂糖	大さじ3
シナモン(お好みで)	少々

◎作り方

1 梨は皮をむき、4等分にして芯と種をとる。1.5cm幅の大きさに切り(縦でも横でもよい)、すべてを鍋に入れて火にかける。沸騰したらふたをして弱火にして、5分煮たら火を止める。冷めたらタッパーなどに入れて冷やす。お好みでシナモンを少々ふりかけて、どうぞ。

皿回し

#07
Plate spinner

女って大変よね、と思うことがある。
仕事がおもしろくなってきたら、結婚とか出産の悩みが生まれ、
全部がんばってみようと思っていても、壁にぶちあたってしまう。
そんなときは、できなーい！と言ってしまうことだって大事。
本当に強いものは、そんなにカンタンにはこわれない。

ぎすぎすしてきたときは、自分のためにお花を買って、
好きな香水をつけて、ネールサロンに行く。
そうしたらキレイなものが見えてきて、
心もキレイになった気分が、少しだけ味わえる。
一番大事にしなくてはならないのは自分。
しあわせ気分になれば、半径3メートルの大事な人に、
小さなしあわせをお裾分けできて、もっとしあわせになれば、
お裾分けできる範囲が、半径100メートルくらいになる。
誰かにしあわせにしてほしいときも、
まずは自分がしあわせであることが大事。

おうちに一輪の花と、好きな香水を。
色を眺めてみよう。形を眺めてみよう。
お花だって、いろんな工夫をして、自分をキレイに見せている。
私だって、がんばらなくっちゃ。

人生は、20代をすぎたら皿回しです。男性も、家族に会社に地域にといろいろあるように、女性の人生にも、家事に育児に仕事にと、同時多発的にいろんなことが起こります。時々私も、大変な皿回しをしている姿を、フカンから見ている気分になり、われながらおかしくて笑えることがあります。
　原稿の締め切りがあるときに料理の撮影。その朝洗濯機がこわれて、保育園から熱が出たとお呼びがかかる。なんとか子どもを連れ帰ったものの、熱で機嫌が悪くて、みなさんに気を遣いながら仕事をすすめる。すると、修理屋さんから「奥さん、洗濯機、直りませんよ～」って言われちゃって、すぐにインターネットで探しださなくては、2人分の保育園の洗いものがどんどんたまっていく（もう電気屋さんに行って選ぶ余裕もない、笑）。

　大変ではありますが、仕方ないことは重なってしまって、自分の力ではどうしようもないことだってある。そんなときはですね、とにかくやれるところまでやって、あとはビールを飲むんです。現実逃避です（笑）。「今日はもうがんばれない、それでいいよ」と自分を許してあげて、プシュッとプルトップをあけて、350㎖缶、飲んでしまうんです。皿回し、割れない程度に一瞬お休みです。ところが、ほんの少し休んで再び回し始めると、うまくなっていたりする。不思議です。

　同時にいろんなことをやるのはとても大変だけど、完璧でなくてよい、と思ったら、意外となんとかなるもの。周りから文句を言われることもありますが、できないことはできないのだから、素直に「できません」と伝えることだって大切です。
　子どもにだって「もっとママに保育園に早く迎えにきてほしい。○○ちゃんのママはお昼寝すぎたら迎えにくる」とお願いされることもあります。でもそんなとき「すみませんね。それはママはできないんです。これからもずっとできないでしょう」と、しっかり伝えます。罪悪感から「ごめんね～、今度は早く迎えにいくね～」と言ってしまったら、子どもは期待してしまい、最後は裏切ることになるからです。

　子どもだって実は大人。「この人、私の皿は思いどおりに回してくれない」と思ったら、自分で楽しく回す工夫をし始めるのです。家事も仕事も子育てという皿も、完璧に回せる人なんておりません。だから、割れない程度にクルクル回す努力を、それぞれの人が、それぞれのスピードでやったらいいんじゃないかなぁ、と思います。無理したら続きませんからね。続けられる程度に無理していたいな、と。

544 kcal menu for one
ささ身梅ごはん メニュー

Chicken & ume rice menu

- ◆ ささ身梅ごはん
- ◆ せん切りさっぱりサラダ
- ◆ フルーツヨーグルト

ヘルシー素材メモ

脂肪分が少なくて、低カロリーのささ身。21時から作るごはんのときに、大活躍してくれる食材です。たんぱく質にビタミン、ミネラルも含むささ身。一口大で食べたいときは、火を通しすぎずに柔らかく仕上げるのがポイント。

TIME TABLE
Chicken & ume rice menu

21:00
すべての材料をキッチンに出す。テーブルセッティングをする。好きな音楽をスタート。

◆ささ身梅ごはん
鶏のささ身をゆでるためのお湯をわかしてさっとゆでる。ゆで汁でスープを作ってもおいしい。梅ソースも作る。

21:15
◆せん切りさっぱりサラダ
作って盛りつけておく。

21:20
◆フルーツヨーグルト
作って盛りつけておく。

21:25
◆ささ身梅ごはん
仕上げてテーブルへ。

ささ身梅ごはん
Chicken & ume rice

1人分 348 kcal

レンジでも調理できる鶏。
鍋も洗わなくてよいので、とても楽です。
今回はごはんの上にのせたけれど、
冷凍うどんをレンジで温めてのせても、
そうめんの上にのせてもおいしい。
梅ソースを作るのが面倒であれば、
すし酢とポン酢を大さじ1ずつ混ぜたところに、
少々のごま油を足すと
カンタンソースのでき上がり。

◎材料（2人分）

ささ身	2本
酒	大さじ2
*梅ソース	
梅干し	1個
（種をとって包丁で細かくたたく）	
青じそ	5枚（みじん切り）
すりごま	大さじ2
ナンプラー	大さじ1
すし酢	大さじ1
ごま油	小さじ1/4
しょうがのすりおろし	小さじ1
ごはん	300gほど（多くてもよい）
のり（お好みで）	適宜

◎作り方

1 ささ身は耐熱容器にのせ、お酒をふりかけ、ラップを軽くかけたら、表90秒、裏90秒ずつ電子レンジにかけて、そのまま冷まして余熱で火を入れる。冷めてから手でさいておく。

2 ボウルに梅ソースのすべての材料を混ぜ合わせてソースを作り、ささ身と和える。温めたごはんの上にのせたらでき上がり。お好みでのりをもんで、のせるとよい。生卵をのせてもおいしい。

ちょっとしたことだけど、
ランチョンマットやお盆を持っていると、
テーブルが締まる。
絵にとって、額のようなものだと思う。
広い世界を美しく飾ることはむずかしいけれど、
狭い世界であれば努力できるというもの。
汚れの目立たない（洗うのは自分です）
濃い色のランチョンマットと、お盆は、
一人ごはんに一番おすすめ。
そんな21時からのごはんを楽しくしていく
グッズを集めるのも、とても楽しい。

Chicken & ume rice menu

ささ身梅ごはんメニュー

せん切り さっぱりサラダ
Salad

1人分 **69**kcal

せん切りするのは、実は気持ちがいい。
トントントントン、リズミカルな音が
いろんなものを流してくれる。
キャベツ、きゅうり、にんじん、
いつでもどこでもありそうな素材が、
せん切りしただけで、ちょっぴり新鮮になる。

◎材料(2人分)

キャベツ	2枚(せん切り)
きゅうり	1/2本
(斜め薄切りにしてせん切り)	
にんじん	1/4本
(縦に薄切りにしてせん切り)	
しょうがのすりおろし	大さじ1
すし酢	大さじ2
しょうゆ	小さじ1
ごま油	小さじ1

◎作り方

1　すべての材料をボウルに入れ、全体を和えたらでき上がり。

MUSIC　BEEGIE ADAIR / My piano romance

ビージー・アデール「マイ・ピアノ・ロマンス」

音楽センスのいい友人から教えてもらった1枚。ムーンリバー、イパネマの娘、サマータイム、オーヴァー・ザ・レインボウなどのジャズスタンダードが並ぶ。新しいメロディーも素敵だけど、どこかで耳に残っているメロディーの優しさは、また格別なもの。

フルーツヨーグルト
Fruit Yoghurt

1人分 **127** kcal

ヨーグルトはほぼ毎日食べます。
牛乳にケフィア菌という菌を混ぜて作っていて、
フルーツやはちみつと組み合わせます。
いつも買っているくだものはりんご、みかん、
バナナ、そしてキウイ。
くだものも毎日食べているなあ。

◎材料 (2人分)

キウイ	1個 (皮をむいて5mm角に切る)
りんご	1/4個 (皮つきのまま5mm角に切る)
はちみつ	大さじ2
ヨーグルト	100gほど

◎作り方

1　ボウルにキウイ、りんご、はちみつを入れて全体を混ぜておく。

2　器にまずはフルーツ、次にヨーグルト、最後にフルーツをのせて盛りつけたらでき上がり。

インテリア

#08
Interior

北欧の家具が好き。ルイス・ポールセンのランプやキャンドル立て、全部時間をかけて少しずつ少しずつ集めてきた。
本当に好きだなと思っても、買うまでいっぱい考える。すぐに買えるような値段でもなかったりするので、グルグルグルグル
お店を回って決めていく。よい空間を作るには、時間がかかると思う。引っ越したからと、全部いっぺんにそろえるより、
まずはテーブル、次に椅子、その次は絵、と少しずつそろっていくと全体のバランスがとれていくような気がする。
そうそう。日本人は絵を壁にあまりかけないけれど、勇気をもって壁に穴をあけることも大切。
ピクチャーレールにかかっている絵と、壁にかかっている絵は、かなり見え方が違う。絵や複数のライティングは、
部屋を広く見せてくれる。奥行きが生まれるからだと思う。家をつくり上げていくのは、とても楽しい。

どんな空間に住むかということは、とても大切な気がします。家は自分自身にとっても、パートナーや子どもにとっても、「帰って休んで、再生する場所」だからです。どんな人だって、ほっとできる心地よい空間がいい。その心地よい空間を作りだす第一条件は、最低限の清潔さですが、その次に整理整頓、最後にインテリア、と続きます。

お掃除は習慣なので、自分に癖をつけるしかありません。汚くなったら拭く。ゴミが見えたら掃除機をかける。一方、整理整頓は取捨選択です。自分にとって何が大切でそうでないか、常に選択していくことで家が整理されていきます。何でもとっておく人で整理上手な人は、相当の記憶力の持ち主です。ふつうの記憶力の人は、物が少なくないと、何がどこにあるのか覚えていられません。

そして最後にインテリアですが、これは「経験」かな、と思います。例えば、日本の古民家のような家に住みたい、ストイックなシンプルな空間に住みたい。フランスのビストロのような空間に住みたい、デンマーク風の白い空間に住みたい、バリ風の神秘的な空間に住みたい、そんなイメージは経験なしには生まれることはありません。その経験の源は、友だちの家や旅館やレストラン、カフェに足を運んでみること、またはいろんな所を旅することだと思います。その場で受けた心地よさを再現したいと思うのがインテリアなのかもしれないな、と思います。

私の場合は、年代によって「心地よさの基準」が変化しました。20代はなるたけシンプルな、黒で締まったイメージ。30代になると、旅で行ったバリやタイ、デンマークのイメージ。そして40代になったら、今度はイタリアの古い家や教会のような質感のある壁と、デンマークのモダンをミックスしたイメージ。いろんな経験をすれば洋服や食べものの好みが変わるように、インテリアの好みも変わります。どんな空間に住みたいかを見つけるために、いろんな経験を重ねていけたら素敵だなぁ。旅も、もっとしたいなぁ。

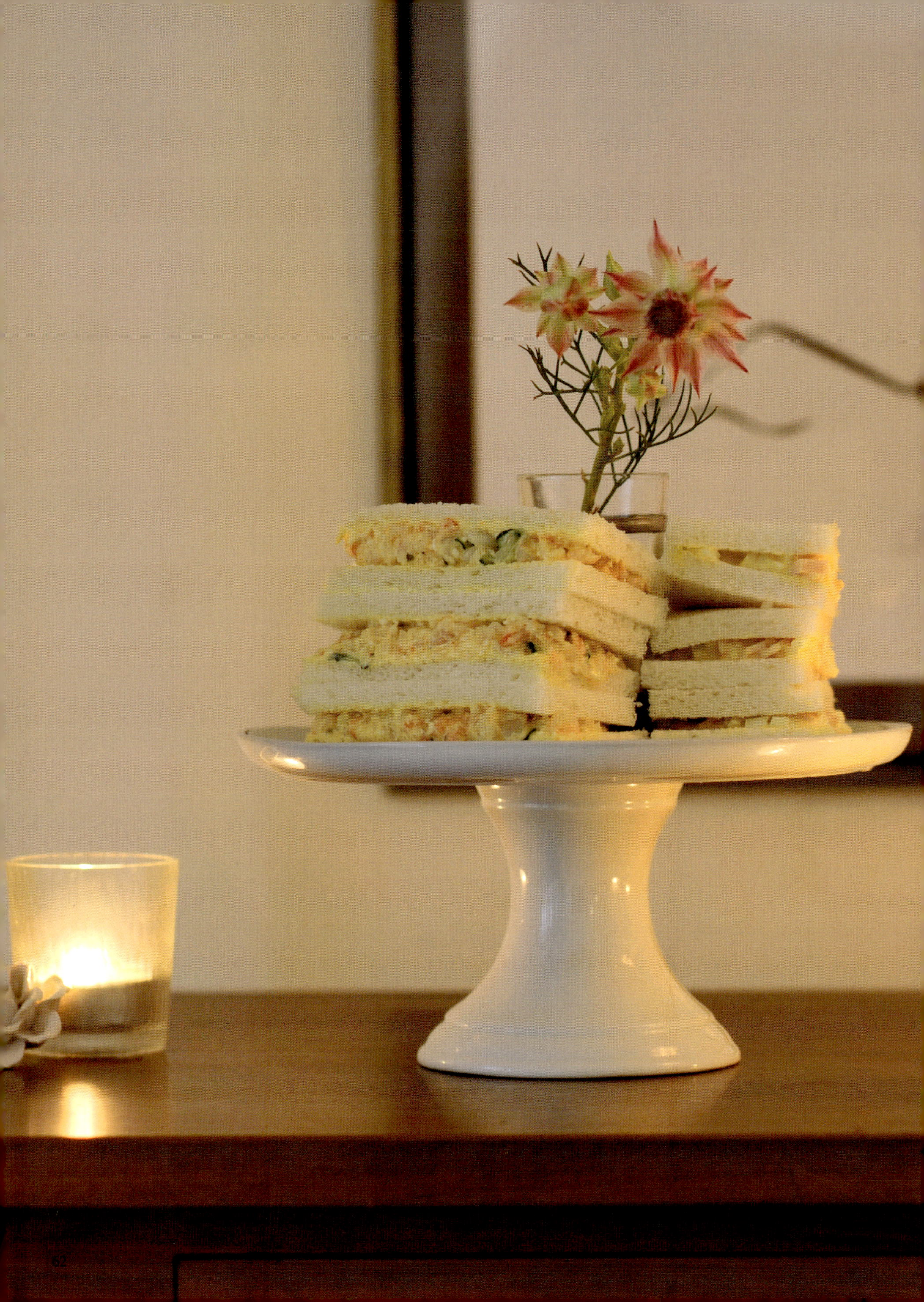

イタリアのヴェニス、魚市場の近くで
サンドイッチを食べたとき、止まらなくなってしまった。
素材は特別なものではない。
でもふつうの白いパンが、とてもしっとりしている。
真似したくてパンにはけで牛乳を塗ってから作ったら、
少し似ているものになった。

サンドイッチ屋では、朝から男の人たちが白ワインや
プロセッコというスパークリングワインを飲み、
そしてこのサンドイッチをほおばっている。
仕事帰りにちょっとつまんで、それからゆっくり休んで、
お昼でも食べるのだろう。

旅をするたびに、私の胃袋が
4倍くらいの大きさだったらいいのにな、と思う。

542〜605 kcal menu for one

イタリアンサンドメニュー
Italian sandwich menu

◆ イタリアンサンド
◆ オニオンスープ
◆ レモン風味の
　チョコレートアイスクリーム

542~605 kcal menu for one
イタリアンサンド メニュー
Italian sandwich menu

◆ イタリアンサンド
◆ オニオンスープ
◆ レモン風味の
　チョコレートアイスクリーム

ヘルシー素材メモ
サンドイッチ用に売られているパンは、こぶりになっていて、そのぶんカロリーも低め。切る手間も、耳を捨てる罪悪感もなくていいので(笑)、よく買っている。冷凍しておけば、ハムとチーズをはさんで、フライパンで両面を押しつぶしながら焼く。軽い夜食素材として便利。

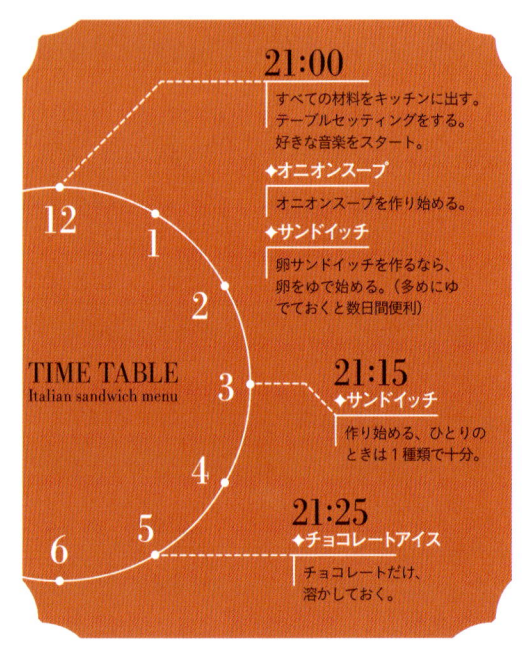

TIME TABLE
Italian sandwich menu

21:00
すべての材料をキッチンに出す。
テーブルセッティングをする。
好きな音楽をスタート。
◆オニオンスープ
オニオンスープを作り始める。
◆サンドイッチ
卵サンドイッチを作るなら、卵をゆで始める。(多めにゆでておくと数日間便利)

21:15
◆サンドイッチ
作り始める、ひとりのときは1種類で十分。

21:25
◆チョコレートアイス
チョコレートだけ、溶かしておく。

ツナとピクルスの サンドイッチ
Tuna & pickles

1人分 **281** kcal

ツナときゅうりもおいしいけれど、ツナとピクルスは大人の味になる。もしあるようだったら、ケーパーなどを刻んで混ぜてもよい。具をサラダにのせて食べるのもおすすめ。

◎材料 (2人分)

サンドイッチ用のパン	6枚
パン用の牛乳	大さじ2

＊ツナソース

ツナ缶	80g (1缶分)(油をきる)
きゅうりのピクルス(太いもの)	1本 (みじん切り)
こしょう	たっぷり
マヨネーズ	大さじ1
卵黄	1個分
牛乳	大さじ1
オリーブオイル	小さじ1/3

◎作り方

1 ボウルにツナソースの材料をすべて入れて、混ぜておく。

2 サンドイッチ用パンに、まずははけで牛乳をさっと塗ってしっとりさせる。具を3等分にしてはさむ。ぬらしたペーパータオルの水をギュッと絞ってのせておく。(しっとりしたほうがおいしい)

えびときゅうりの サンドイッチ
Shrimp & cucumber

1人分 *336* kcal

えびをサンドイッチにするというところが、
何ともヴェネツィアの魚市場らしい。
むきえびは冷凍もきくので、うちの常備材料。
ゆでるときは、冷凍のままでもよい。

◎材料（2人分）

サンドイッチ用のパン ——————— 6枚
パン用の牛乳 ——————— 大さじ2
＊えびソース
　むきえび ——————— 150g
　マヨネーズ ——————— 大さじ1
　卵黄 ——————— 1個分
　牛乳 ——————— 大さじ1
　オリーブオイル ——————— 小さじ1/3
　きゅうり ——————— 1/2本（小口切り）
　塩 ——————— 小さじ1/8
　パルメザンチーズ ——————— 大さじ1

◎作り方

1　えびは、2分ほど熱湯でゆでてから水けをきり、細かく包丁でたたいてボウルに入れる。その他の材料をすべて入れて混ぜる。

2　サンドイッチ用パンに、まずははけで牛乳をさっと塗ってしっとりさせる。具を3等分にしてはさむ。ぬらしたペーパータオルの水をギュッと絞ってのせておく。（しっとりしたほうがおいしい）

卵とハムの サンドイッチ
Egg & ham

1人分 *344* kcal

サンドイッチの定番、卵とハムにも、
オリーブオイルやパルメザンチーズを加えると
大人の味に。コーヒーやスープもいいけれど、
1杯のプロセッコや白ワインととても合う。

◎材料（2人分）

サンドイッチ用のパン ——————— 6枚
パン用の牛乳 ——————— 大さじ2
＊ゆで卵ソース
　卵 ——————— 2個
　マヨネーズ ——————— 大さじ1
　牛乳 ——————— 大さじ1
　オリーブオイル ——————— 小さじ1/3
　パルメザンチーズ ——————— 大さじ1
　ハム ——————— 3枚

◎作り方

1　ゆで卵を作る。鍋に水と卵を入れて（ひたひたに）ふたをし、火にかけて沸騰したら弱火にして9分ほど温める。ゆで卵はひびを入れて、水につけておくとむきやすい。

2　ゆで卵は全体を包丁で細かくたたいてボウルに入れる。その他の材料もすべて入れて混ぜる。

3　サンドイッチ用パンに、まずははけで牛乳をさっと塗ってしっとりさせる。具を3等分にしてはさむ。ぬらしたペーパータオルの水をギュッと絞ってのせておく。（しっとりしたほうがおいしい）

MUSIC **KEITH JARRETT & CHARLIE HADEN**/*Jasmine*

キース・ジャレット &
チャーリー・ヘイデン
「ジャスミン」

「Call your wife or husband or lover in
late at night and sit down listen.」
(深夜に、奥さんかだんなさんか、あるいは恋人を呼んで、
座って このアルバムに耳を傾けてほしい)
キースはCDの最後にこう記しています。本当にそう。
1曲目から、ソファーにゆったり座って、
ワインかウィスキーでも飲みながら静かに楽しみたい。
大事な誰かといっしょに、メロディーに揺れて、
夜が更けていくのをカラダで感じたい。
そんな感覚にさせてくれる、すばらしき1枚です。

オニオンスープ
Onion soup

1人分 **79** kcal

缶やレトルトのスープもおいしいけれど、
電子レンジで作るこちらのスープは、きちんと
玉ねぎの栄養を生かすことができる。
お腹いっぱいになるだけだったら何を食べても
いいのだけど、血液をサラサラにしてお肌もきれいに、
と欲張るならば野菜を食べる習慣を身につけたい。

◎材料 (2人分)

バター	10g
玉ねぎ (中)	1個 (薄切り)
水	2カップ
コンソメスープの素	1個
塩	小さじ1/4
とろけるチーズ (お好みで)	適宜

◎作り方

1 玉ねぎはラップにくるんで電子レンジで6〜8分加熱する。鍋にバターと玉ねぎを入れて5分ほど炒める。水、コンソメスープの素、塩を入れて3分ほど煮る。

2 1を器に盛り、お好みでとろけるチーズをのせて、電子レンジで溶かしていただく。オーブンで焼くとオニオングラタンスープ風に。

レモン風味の
チョコレートアイスクリーム
Chocolate ice cream with lemon

1人分 **182** kcal

電子レンジで溶かすだけでソースになる。
ここにお好みでグランマルニエやグラッパ、
余裕があれば、オレンジを刻んだものなどを入れると
ゴージャスになる。アイスクリームはハーゲンダッツや
Aya なども大人っぽくておいしいけれど、
ラクトアイスはカロリー低めでおすすめ。

◎材料 (2人分)

ラクトアイスクリーム	1人100mlほど
チョコレート	20g
水	大さじ1
グランマルニエ (またはコアントロー)	大さじ1
レモンの皮 (あれば)	適宜

◎作り方

1 チョコレートと水を耐熱容器に入れ、電子レンジで30秒ほど温めて溶かしておく。

2 アイスクリームを器に入れ、1のチョコレートとグランマルニエをかけ、よく洗ったレモンの皮をすりおろしたらでき上がり。レモンの代わりにオレンジの皮でもおいしい。

| Italian
| sandwich
| menu

イタリアンサンド
メニュー

ほんの少しのデザートでいいから、きちんと甘いものを食べたい。
最近増えた「砂糖控えめ、バター控えめ」はおいしいな！と
素直に感じることができない。小さなものでいいから
満足感を得られると、そこで終わりを迎えることができる。
結局満足できなければ、量を食べてしまって、カロリーだって
多くなってしまう。年を重ねていったならば、良質なものを少しずつ。

ちなみにアメリカに住んでいるときにびっくりしたのは、
500mlほどのアイスクリームを、ひとりで大きなスプーンで
食べてしまう友人。ハーフカロリーだったりするのだけど、
それでも多い。夕方ダイエットのために、1時間もマラソンしていたのに、
I love ice cream、と言われちゃうとね、何も言えませんよ。
私も好きだけれど、だからこそ、少しでいい。

映画

#09
Films

映画ほど一瞬にして、私を空想の旅に連れていってくれる存在はありません。だから私は落ち込んだときに、かならず映画に行きます。「こうすればよかった、ああ言えばよかった」と思っていたことが一発で吹き飛ぶからです（笑）。時々、映画が自分の人生をつくってくれているな、と感じることすらあります。こんな人に出会いたい、こんな空間に住みたい、こんな所を旅したい、こんなごはんを食べたい、こんな姿勢で歩きたい。こんな会話をしたい。こんな洋服を着たい。こんな恋をしたい。そんな憧れの多くの部分をつくってくれたのも、映画かもしれません。「こんなふうにしてみたい」と思わなければ、何も始まりません。そのお手本を、私は映画という世界で見続けてきたのかもしれません。

　好きな映画は、何度も何度も見ます。一番最初はストーリーを、次に音楽を、セリフを、衣装を、美術を、編集をと、何度も繰りかえし見ていきます。そしていい映画は何度見ても、鳥肌が立ちます。いい映画には、いい作り手の深い考えと、ポジティブなエネルギーが流れているからだと思います。また、さまざまなメッセージは、受け取り手の状況や経験値によって違います。子どもがいないときに見た『ライフ・イズ・ビューティフル』は、なかなかよい映画だなぁ、くらいだったものが、子どもが生まれてから見た『ライフ・イズ・ビューティフル』は、もう、音楽が一瞬流れただけで鼻水号泣ティッシュものです（笑）。そして「あ、私もこんな大変な状況で子どもがいたら、ユーモラスに子どもを守りたいな。こんなふうに愛を残したいな」と思ったりします。

　映画は人の人生を見ているのだけれど、自分の未来や過去を見せてくれる存在でもあるのです。よい作品に出合った夜は、しあわせです。よい友といっしょによい作品とよいお酒に出合えた夜は、もうこれ以上ないくらい、しあわせかもしれません。

『ニュー・シネマ・パラダイス』、『プリティ・ウーマン』、『ローマの休日』、『恋人たちの予感』、『イングリッシュ・ペイシェント』、『ショーシャンクの空に』、『フォーエバー・フレンズ』、『Always 3丁目の夕日』、『ザ・カップ』、『初恋のきた道』、『北京ヴァイオリン』、『ビフォア・サンライズ』、『ビフォア・サンセット』、『アニー・ホール』、『アラバマ物語』、『サウンド・オブ・ミュージック』、『グラン・ブルー』、『バーレスク』、『千と千尋の神隠し』、『普通の人々』、『愛と哀しみの果て(Out of Africa)』、『L.A.コンフィデンシャル』、『セックスと嘘とビデオテープ』、『フォー・ウェディング』、『ミセス・ダウト』、『ラストエンペラー』、『ベスト・フレンズ・ウェディング』、『トイ・ストーリー3』、『ノッティングヒルの恋人』、『恋愛適齢期』、『オーケストラ!』、『ラヴソング』（香港）、『ユー・ガット・メール』、『Shall we ダンス?』、『きみに読む物語』、『テルマ&ルイーズ』、『ブリジット・ジョーンズの日記』、『グラン・トリノ』、『シティ・スリッカーズ』、『ティファニーで朝食を』、『存在の耐えられない軽さ』、『E.T.』……。

まだあるけど。何度も何度も見た映画。これから何度も見たい映画。いやなことがあったら、すぐに見たい映画。深夜にワイン飲みながらひとりで笑って、ひとりで泣いて、また新しい明日がくる。

628 kcal menu / for one
もやし鶏肉フォーメニュー
Chicken noodle menu

◆ もやし鶏肉フォー
◆ ごま入り炒り卵
◆ ぶどうの白ワイン煮

もやし鶏肉フォー
Chicken noodle

1人分 **410**kcal

フォーは軽い。野菜を入れたり、ライムの絞り汁を入れたり、チリソースを入れて辛くするせいか、食べたあともぐっとくることは少ない。今回はもやしと鶏肉でご紹介したが、ひき肉、牛肉の薄切り、肉団子、えび、いか、いろんなもので作ってもおいしい。

◎材料（2人分）

- 鶏胸肉 ── 1枚
- 酒 ── 大さじ3
- もやし ── 200g
- フォー（または春雨） ── 100g
- ＊スープ
  - 水 ── 4カップ
  - 中華スープの素 ── 小さじ2
  - ナンプラー（または薄口しょうゆ） ── 小さじ2
  - 味つけ塩こしょう ── 小さじ1/4
  - ラー油 ── 小さじ1
  - しょうが（あれば）（薄切り） ── 4枚
- シャンツァイ（お好みで） ── 適宜

◎作り方

1　ひとつの鍋にお湯をわかし、沸騰したら火を止め、フォーともやしを入れたらふたをして柔らかくする。もうひとつの鍋にスープの材料をすべて入れ、沸騰したら火を止める。

2　鶏肉は器にのせ、お酒をふりかけたらラップをし、電子レンジで2〜3分加熱する。そのままおいて余熱で火を通す。粗熱がとれたら斜めそぎ切りにする。

3　器にもやしとフォーを入れ、その上にスープをはり、鶏肉をのせたらでき上がり。お好みでシャンツァイなどをのせる。

ヘルシー素材メモ

ベトナムの麺料理を代表するお米の麺。それだけがカロリーが低い、というものではないが、あっさりした脂の少ないスープといっしょに食べるので、お腹の膨れ方は同じで、ラーメンなどよりはカロリーが低くなる。

ベトナムのビールも、
ベトナムのフォーもおいしい。
ベトナムの人も、どこかその律儀さが
日本人に似ていて、心が通じる。
留学してはじめて友だちになったのも、
ベトナム人だったし、
東京で出会ったベトナム人とも、
10年近くつきあっている。
ホーチミンに戻ってしまった今も。

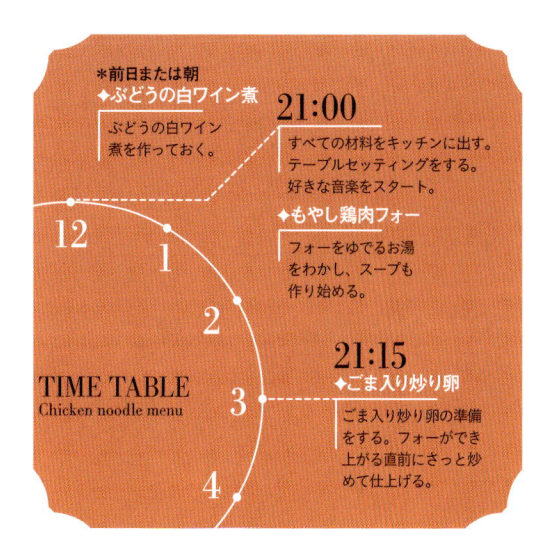

TIME TABLE
Chicken noodle menu

＊前日または朝
◆ぶどうの白ワイン煮
ぶどうの白ワイン煮を作っておく。

21:00
すべての材料をキッチンに出す。テーブルセッティングをする。好きな音楽をスタート。

◆もやし鶏肉フォー
フォーをゆでるお湯をわかし、スープも作り始める。

21:15
◆ごま入り炒り卵
ごま入り炒り卵の準備をする。フォーができ上がる直前にさっと炒めて仕上げる。

ごま入り炒り卵
Scrambled eggs

1人分 **136** kcal

卵は優秀な素材です。脂質、たんぱく質、カルシウム、リンなどが含まれる「完全栄養食品」。私も一日に1個は必ず食べているなぁ。目玉焼き、卵焼き、麺に入れるゆで卵、生卵、おみそ汁に、卵黄だけをサラダのドレッシングに混ぜたり。夜中のチーズオムレツも好きだなぁ。

◎材料（2人分）

卵	2個
砂糖	小さじ2
塩	親指と人差し指で2つまみ
すりごま	大さじ2
ごま油	小さじ1

◎作り方

1　ボウルにごま油以外の材料をすべて入れてかき混ぜ、卵液を作る。

2　フライパンを中火で熱し、ごま油を入れる。ボウルの卵液を入れ、全体をゆっくり10数えながら炒め、あとは火を止めて余熱で固めてでき上がり。

MUSIC　JANE MONHEIT/Taking a chance on love

**ジェーン・モンハイト
「テイキング・ア・チャンス・オン・ラヴ」**

ジャズ女性ヴォーカリストで好きな人には、
甘い声の人ではなくて、
ハスキーでかっこいい人が多い。
ジェーン・モンハイトの別のアルバムに入った
「虹の彼方に」も究極的にかっこいい。
日本は声が高くて優しい女性を
好む傾向があるような気もするけれど、
大人な女性ヴォーカルも深夜にはおすすめ。

ぶどうの白ワイン煮
Grape compote

1人分 **82** kcal

白ワインでぶどうを煮ると、
とても大人なデザートに。そのまま冷やして
いただいてもいいけれど、ときには
生クリームに砂糖を加えて
柔らかく泡立てたものを添えてもよい。

◎材料（4人分）

ぶどう	2カップ分
砂糖	大さじ4
白ワイン	1/2カップ

◎作り方

1　すべての材料を鍋に入れて、火にかける。沸騰したら火を弱めて3分煮たら火を止める。粗熱をとって、ぶどうの皮をむく（皮ごと煮ることで色がつくし、ポリフェノールもとれる）。冷やしていただく。お好みでアイスクリームをのせてもおいしい。

Chicken noodle menu

もやし鶏肉フォー
メニュー

ベトナムに行くと、女性がきれいだなと感じる。
ヘルシーな野菜料理やくだものを食べているせいなのか、
スレンダーなせいなのか、でも一番大きいのは、
姿勢がよいからかなと思う。
まっすぐ空に向かって頭がのびている。
そうすると歩き方もしゃきっとする。
顔だけからではない、全身からの凛とした
きれいさが、空気に伝わってくる。

ベトナムの友人は、
「自分のおへそが見えたらゼッタイ、ダメです」と言う。
気をぬけば、誰だってお腹が出てしまうのだと。
でもそうなったら、びしっと姿勢を正して、
座っているときも、立っているときも、
おへそが見えないように気をつけるのだと。
私も見習ってがんばってます。
時々見えちゃうけど、おへそちゃん。

趣味は大切

#10
Importance of hobby

学生時代、孤独な時間が多かったから、本は友だち。
なかでも料理本が最高の友だち。
料理本を読んでいたら、ワンダーランドに行けた。
いつか食べに行くんだ、バークレーのシェ・パニース、
いつか食べに行くんだ、パリのアルページュ、
食べたいもの、作ってみたいもの、飲みたいもの、行ってみたい場所、
触れてみたい人たち、そんな「夢」は、
同じことの繰りかえしのようなたいくつな毎日を、美しく彩ってくれた。

考えたら、この孤独な時間が、一番自分を育ててくれたのかもしれない。
さびしくても、誰もいないから、本の写真で想像力を膨らませる。
さびしくて、話す人もいないから、本の言葉に語りかける。
だからかもしれない。今もひとりの時間は好き。
お酒を飲みながら、音楽をかけ、好きな本を読むこともなくパラパラめくる。
そのパラパラと、紙が重なっていく音が、愛おしいと感じる。

時間を忘れるほどの趣味を、今も探し続けています。映画を見たり音楽を聴いたりするのは確かに趣味なんだけど、自分が能動的に何かをするわけではありません。常に何かを享受する立場。そうではなくて、自分のカラダを使って、自分だけのために、時間を忘れるほどの趣味があったらいいな、と。しばらくクラシックピアノをやり直してみたり、新たにジャズピアノをやってみたり、ソーシャルダンスやアルゼンチンタンゴをしてみたのだけど、なかなか「おもしろい！」というところまで行きつけません。それに第一、続きません（笑）。ただひとつ、もしかしたら続く可能性があるかなと感じるのは、アルゼンチンタンゴです。これは音楽やワインが好き、という理由が大きい。アストル・ピアソラやアルゼンチンのワインは、すばらしい。いつかアルゼンチンに行って、街角で踊ってみたいな、という夢があるから続けたいと思うのかな。

　何事も好きになれるまで、時間がかかります。英語も料理もマラソンも登山もきっと同じで、「わー、おもしろいな」と思う時期があって、上達しない時期を迎える。そしてだいたいはこのポイントでやめてしまう。すべてのものはなだらかな曲線を描くように上手になるのではなく、上手になったと思ったらそうでない期間、それを乗り越えたらまた上手になる時期と台形を描くように上達していくのだろうけど、途中でギブアップしてしまう場合が多いんですね。だからきっと、何かができる人というのは、たまたま才能に恵まれたのではなく、続けるだけの根気と粘り強さがあった、としか言いようがないのかな、という気がしていたりします。

　時間を忘れるほどの趣味に出合いたいな。そのためには、面倒であっても、さぼりたくなっても、とにかく続けなくては。もうね、60代になって踊り始めたのでは、パートナーもげんなりしてしまいますからね。おばあさんダンサーでも、上手であればきっと踊ってもらえるはず！　一生にひとつだけ、カラダを動かす趣味を見つけるぞぉ。

482 kcal menu / for one

しょうが黒ごま うどんメニュー

Ginger & sesame udon menu

- ◆ しょうが黒ごまうどん
- ◆ 焼ききのこサラダ
- ◆ バナナと小豆のシナモン風味

うどんって、すばらしい。
あっさりしたスープにも、こってりしたスープにも、どちらにも合う。
乾麺ならば、長崎の五島手延べうどんが大好き。
冷凍麺ならば加ト吉、大好き。ゆでても固めのうどんが好きなので、
よっぽどのことがない限り、ゆでうどんは買いません。
あと、よっぽどのことがない限り、東京ではうどんを食べません。
やっぱりそばがおいしい。文化が違うんですね。
そうそう。かけだしのとり方も全然違います。
関東は昆布とかつおでとるし、砂糖やみりんも多く入れるけれど、
四国や九州は、小さなあじの煮干しや、あごの干したお魚を入れて
風味と甘みをつける。そのぶん砂糖のような甘みは加えない。
だしがきいたうどんは、ねぎと唐辛子を入れるだけで美味。

482 kcal menu / for one
しょうが黒ごま うどんメニュー
Ginger & sesame udon menu

◆ しょうが黒ごまうどん
◆ 焼ききのこサラダ
◆ バナナと小豆のシナモン風味

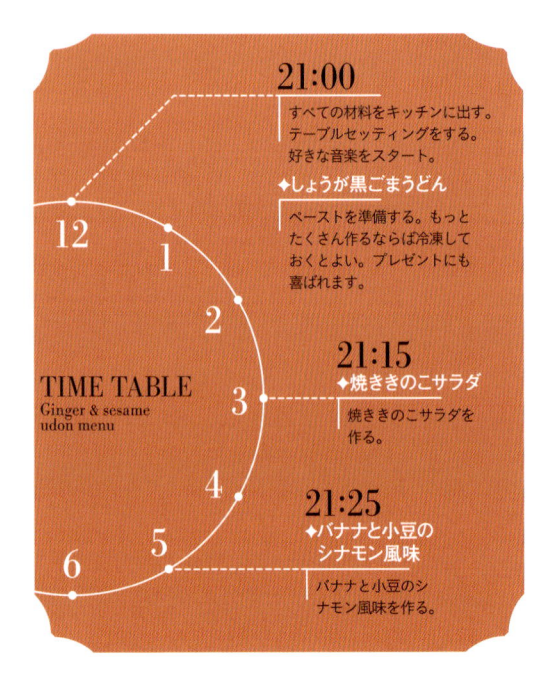

TIME TABLE
Ginger & sesame udon menu

21:00
すべての材料をキッチンに出す。テーブルセッティングをする。好きな音楽をスタート。
◆しょうが黒ごまうどん
ペーストを準備する。もっとたくさん作るならば冷凍しておくとよい。プレゼントにも喜ばれます。

21:15
◆焼ききのこサラダ
焼ききのこサラダを作る。

21:25
◆バナナと小豆のシナモン風味
バナナと小豆のシナモン風味を作る。

しょうが黒ごまうどん
Ginger & sesame udon

1人分 **358**kcal

もともとめんどくさがり屋なので面倒なことはまとめてやってしまいます。こちらのごまペーストもそう。一度作って冷蔵庫に入れておけば、しば〜らくもつ（2、3週間もちますねぇ）。温かいうどんにつけたり、ラーメンに入れたり、湯豆腐にのせたり。自分で作る合わせ調味料はヘルシーだからいいですよん。

◎**材料**（1人分）

黒ごまペースト	（下記の分量の）1/6
ねぎ（あれば）	5cm分（みじん切り）
麺つゆの素（濃縮2倍のもの）	大さじ3
水	1/2カップ
冷凍うどん	1玉（少なめでもよい）

＊黒ごまペースト（6回分）

豆板醤	小さじ1
黒すりごま	1/2カップ
食べるラー油	大さじ1
しょうがすりおろし	大さじ2

◎**作り方**

1 黒ごまペーストは冷蔵庫で1ヵ月近くもつので、6回分作っておく。材料を混ぜて瓶に保存する。すりごまは白でもよい。

2 つけ汁用の器に黒ごまペースト、ねぎ、麺つゆの素、水を入れて電子レンジで2分ほど温める。

3 うどんは加ト吉など、固めのさぬきうどんの冷凍を活用する。さっとゆでてもよいが、電子レンジで3分半ほど温めるとでき上がるので便利。麺を多く食べたくない夜は、水を大さじ4ほど足して、麺を減らし、汁うどんにしてもよい。黒ごまペーストは、豆腐や焼き鳥、ごはんにのせて食べてもおいしい。

MUSIC THE BILL EVANS TRIO/*I will say goodbye*

**ビル・エバンス
「アイ・ウィル・セイ・グッドバイ」**

ジャズピアニストでひとりだけ、
好きな人を選べと言われたら、
オスカー・ピーターソンや
キース・ジャレットと迷う。
でも最後はビル・エバンスを選ぶかな。
彼の晩年のCDである、『I Will Say Goodbye』
そして『You Must Believe in Spring』は、
その静けさの後ろに優しさと哀しさが
見え隠れする。いつか大きなスピーカーで、
いいアンプを買って、
ビル・エバンスをかけてみたいなぁ。
夢。夢は声にすることが大事。

紺色のテーブルクロスは、全体が締まる。しかも、汚れが目立たない（笑）。
濃い色に、黒の花瓶。びしっとした気持ちになる。1枚あると便利な色。

きのこは好きだな〜。
スープに入れたり、炊き込んだり、
こうして焼くだけだと、
さらにうまみが閉じこもる。
量が多くて食べられないな、と
思ったときは、適当な大きさに切って
冷蔵庫で2日ほど
ラップをかけずに放置すると、
かなりよい具合に乾燥する。
ベランダに干したりするのは
手間がかかるけれども、
冷蔵庫に入れっぱなしにするなら、
手間もかからない。それから冷凍しておけば、
おみそ汁に、パスタに、
いろんな料理に活用できる。

Ginger & sesame udon menu
しょうが黒ごま うどんメニュー

ヘルシー素材メモ

きのこ類はビタミンBを豊富に含んだ低カロリー食。ビタミンBには炭水化物などの糖の分解を助ける役割などがあり、カラダにとって、とても大切な役割を担っている。ついついお肌のことが気になって、ビタミンCにばかり注目したくなるけれど、結局は全体のバランス。栄養のことを気にかけ始めると、組み合わせる楽しさが生まれる。

焼ききのこサラダ
Mushroom salad

1人分 **41** kcal

オリーブオイルやごま油をかけて焼いたり炒めるのもおいしいけれど、何もつけずに魚焼きグリルやフライパンで火を通しても、きのこはおいしい。きのこも完全に火を通すと水が出てくるが、さっとあぶったものは適度に水分を含んでいて、これまた美味。

◎材料（1人分）

しいたけ	2個
えのきだけ	1/2袋分
大根おろし	大さじ2
ポン酢	大さじ2
ゆずこしょう	少々
塩	ひとつまみ

◎作り方

1　しいたけ、えのきだけは石づきを切っておく。魚焼き器で、表裏を1分ずつ加熱する。

2　器に盛りつけ、大根おろし、ポン酢、ゆずこしょう、塩をのせ、全体を混ぜていただく。

バナナと小豆のシナモン風味
Banana & adzuki with cinnamon

1人分 **83** kcal

朝ではないから、バナナを食べただけでは満足しないけれど、少し焼いたり小豆をかけると立派なデザートになる。シナモンとバナナ、とても合う。小豆も。

◎材料（1人分）

バナナ	1/2本
小豆缶の小豆	大さじ1
シナモンパウダー	少々

◎作り方

1　バナナは8mm厚さの斜め切りにする。フライパンを中火で温め、バナナがこんがりするまで焼く。小豆をのせ、シナモンパウダーをふりかけたらでき上がり。余った小豆はバタートーストの上にのせて食べてもおいしい。

運動

#11
Exercise

ビールは労働のあとがおいしい。
労働には、運動も含む（笑）。
人間は動物だから、動くものなのだと、改めて思う。
動かずにじーっとしていたら、
みんな調子が悪くなる。
腰も痛くなるし、体力も落ちるし、
第一お酒がおいしくない。

暑い日に、寒い日に、
雨の日に、風の日に、動き回って、
時には仕事でボコボコにされて、それでも
1杯のビールがあると、ほっと救われたりする。
例えそれが一瞬であったとしても、
「よく動きました。今日はお疲れさま」
って言葉を発してくれるんだから、
ありがたき存在。

じーっとしていることも好きですが、動くのも大好きです。毎日30分以上はだいたい歩いているし、週に1回ジムに行って、可能だったら週に1回、プールに行きます。仕事が忙しくなると、何もできない気分になってしまいますが、やっぱり運動は大事なんだろうな、と年を重ねるたびに思うのです。

　重力に打ち勝つには、基本的には筋力をつけるしかありません。特に腹筋と背筋はとても大切。姿勢を保つうえでもとても大事だけど、それ以上にぎっくり腰対策になります（笑）。私は長女が2歳になってすぐ次女が産まれたので、おんぶに抱っこ、保育園荷物で合計20キロということもありました。40近くの女が、やることではございません。というわけで、ぎっくり腰になりました。えんぴつを拾おうとしただけでギクッ。くしゃみしてギクッ。仕事をしているのでゆっくり寝ることもできず、毎回中国鍼を打ってもらって対処する日々でした。そのとき、先生から「結局腹筋背筋なんだよね」という言葉を聞いて、ジムに通いだし、タンゴの先生に正しい姿勢を教えていただき、それから腰が痛くなることはなくなりました。不思議なくらいです。歩くときも、座るときも、「姿勢をよくしよう」と意識するだけで筋力もつき、まっすぐ立てるようになったのかもしれません。腹筋背筋がつくと、生活が楽になります（笑）。マッサージをしても、整体をしても治らなかったのに不思議です。おまけに1キロくらい、減りました。食べる量は変わらないので、たぶん筋力アップで新陳代謝がよくなったからだと思います。

　いくつになっても、ジーンズとTシャツをかっこよく着ている女性に出会うと、こうなりたいな！と思います。お化粧と同じように、いろんなものをつけて隠してしまうこともできるけれど、見せることのできるカラダをキープするのは素敵な努力。まずは歩くことから！

カラダに何がよいか知っておくと、
食べものの選び方が変わる。納豆、しらす、
卵黄のたんぱく質やキムチのビタミン、ミネラルは、
サプリメントのような存在であると知る。

一方で、「いろんなものを食べなくても、
サプリメントをとれば大丈夫」と思う人もいるが、
炭水化物やたんぱく質、脂質をとるには、
サプリメント以外でとる必要があるから、
やはり錠剤を飲んでいれば
健康を維持できるというわけではないのだそう。

となると、やっぱり納豆、しらす、卵、ヨーグルト、
チーズ、牛乳、冷凍ごはん、わかめ、ごま、
そんなこんなは冷蔵庫の常備菜にして、
意識してとったほうがいいかな、と思う。
20年後の自分の肌や骨をつくる工場は、
冷蔵庫にあるのかもしれない。

640 kcal menu for one
ヘルシー丼メニュー

Healthy donburi menu

- ヘルシー丼
- こんにゃくソテー
- 冷やしグレープフルーツ

韓国風薬味たっぷりソース。

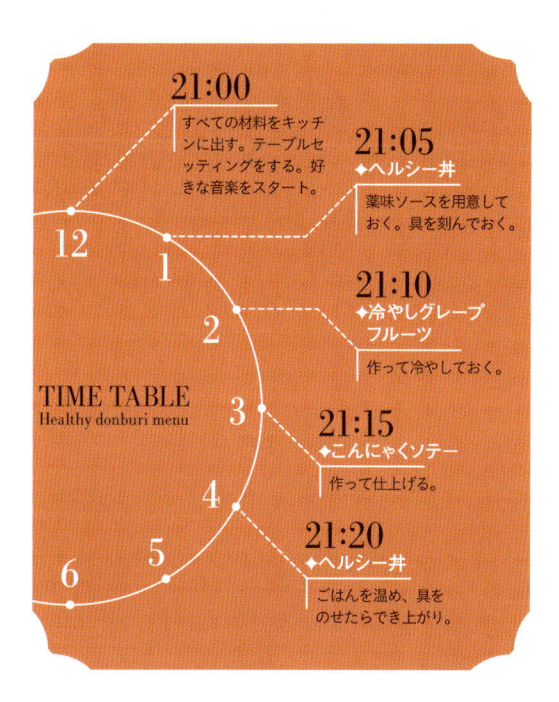

TIME TABLE
Healthy donburi menu

21:00
すべての材料をキッチンに出す。テーブルセッティングをする。好きな音楽をスタート。

21:05
◆ヘルシー丼
薬味ソースを用意しておく。具を刻んでおく。

21:10
◆冷やしグレープフルーツ
作って冷やしておく。

21:15
◆こんにゃくソテー
作って仕上げる。

21:20
◆ヘルシー丼
ごはんを温め、具をのせたらでき上がり。

ヘルシー丼
Healthy donburi

1人分 **468** kcal

薬味ソースを作っておくと、あっという間にでき上がる。ソースを作るのが面倒なときは、しょうゆやごま油と塩だけでもよい。でもソースにはねぎ、ごま、豆板醤と健康素材が入っているので、ぜひ多めに作って、ごはんや豆腐、ゆでた麺にのせるとよい。

◎材料（1人分）

温かいごはん	130gほど
納豆	1パック
キムチ	大さじ2
しらす	大さじ2
卵黄	1個分
薬味風ソース	1回分

＊薬味風ソース（4回分作っておくと便利）

しょうゆ	大さじ4
砂糖	大さじ1
ねぎ（みじん切り）	1/2本分
ごま油	小さじ1
すりごま	大さじ2
粉山椒	小さじ1
豆板醤	小さじ1

シャンツァイまたは青じそ（あれば）— 適宜

◎作り方

1　薬味風ソースは1回分作ってもいいが、冷蔵庫で2〜3週間ほどもつので、多めに作って豆腐にかけたり、焼いた肉にかけるために4回分ほど作っておくとよい。ソースは材料をすべて混ぜるだけ。

2　温かいごはんの上に、納豆、キムチ、しらす、卵黄をのせ、その上から薬味風ソースをかけ、お好みでシャンツァイか青じそをのせ、全体を混ぜながらいただく。ごはんは玄米のパックなどでもよい。

Healthy
donburi
menu
ヘルシー丼メニュー

それにつけても、このしょうゆ炒めはおいしいです（笑）。ついついビールを飲んでしまう。
しょうゆは多いかなと思うのだけど、これくらい入れて味がつく。
ねぎをいっしょに炒めても、ピーマンをいっしょに炒めてもおいしい。

MUSIC　OSVALDO FRESEDO/*Coleccion 78 R.p.m. 1938-1948*

**オスバルド・フレセド
「コレクション 78R.P.M. 1938-1948」輸入盤**

アルゼンチンタンゴの先生のスタジオで
かかっていて、素敵だなぁ、と
教えてもらった1枚。なんだか楽しげで、
優雅。もちろん踊るのが一番楽しいけれど、
曲をかけながらアルゼンチンの
赤ワインでも飲む時間も素敵。
心だけはアルゼンチンに旅をする。

こんにゃくソテー
Konnyaku sauté

1人分 **106** kcal

こんにゃくはローカロリー素材。
冷蔵庫に入れておくと、お腹がすいて困った
深夜に便利。薄く切ってごま油で
さっと炒めたり、ゆでて田楽みそをつけたり、
オリーブオイルと塩だって、おいしい。

◎材料（1人分）

こんにゃく	1/2枚
ごま油	小さじ1
にんにく（薄切り）	1/2かけ分
しょうゆ	大さじ1
みりん	大さじ1
唐辛子	適宜

◎作り方

1　こんにゃくは両面に斜めに格子の切れ目を浅く入れ、味がしみ込みやすくしておく。

2　ごま油をフライパンに入れて弱火で熱し、表側を3分ほど焼く。裏返してにんにくを入れて、さらに3分ほど焼く。

3　しょうゆ、みりん、唐辛子を入れて、中火で全体を1分ほどからめたらでき上がり。

ヘルシー素材メモ
こんにゃくは97パーセントが水分といわれ、栄養価はあまりないといわれます。ただ、食物繊維は含まれていて、腸の働きは活発になるのだそうです。女性にとってうれしい素材ですね！

冷やしグレープフルーツ
Grapefruit

1人分 **66** kcal

グレープフルーツのふさを
きれいに取りだすのは大変ですが、そのための
小さなナイフが、ちゃんと売られています。
食べようと思った瞬間に食べられないのは
さびしいから、夏みかんやグレープフルーツは
むいておくといいですね〜。

◎材料（3人分）＊余ったら次の朝に

グレープフルーツ	1個
はちみつ	大さじ2

◎作り方

1　グレープフルーツは房から身を出し、はちみつと和えて、冷やしたらでき上がり。

料理と人生

#12
Cooking in life

愛してるよって、言葉にすることははずかしいけれど、
その人のカラダのことを考え、料理をしてあげることができる。
愛してるよって、ささやき続けることは大変だけれど、
その人が心地よい空間に戻ってこられるように、
お掃除してあげることができる。
愛してるよって、思い続けることも、実はむずかしいことだけど、
その人が好きなお酒くらい、用意してあげることができる。
やってもらった人は、ありがとう、を。
そうすれば、愛はグルグル回りながら形を変えて、
また自分のところに戻ってくる。
大事なことは何もしないより、何かをすること。
してもらうことを待つだけの人生は、私はさびしいと思う。

料理は人間が生きて行くうえで、すばらしい技術です。できないからと言って、誰かを著しく不幸にすることはありませんが、もしその技術があったなら、自分を含め、誰かを著しく幸福にすることが(笑)可能です。だけど料理は、人のためにやってあげているという気持ちでいる限り、なかなかおいしいものを作り続けることができません。だから大切なことは、自分のためにやっているという気持ちに切り替えることです。「その日食べたいものを、自分の健康のために作る」。というわけで私もかならず、自分が一番食べたいものを作ります(笑)。子どもも実は、たけのこの煮物だってひじきだって、バジルソースだってアボカドサラダだって好き。今日はワインを飲みたいな、と思ったらワインに合う食事を。ビールだな、と思ったらビールに合うアジア風の料理を作ったりします。

　そもそも、食べることに興味をもったり、作ることに興味をもつと、毎日やることが増えます。おみそはここまで買いに行こう、お肉はあそこの肩ロースにしよう。人生確かに忙しくなりますが、いろいろ考えるようになると脳も動きだして、仕事も家事もスピーディーにできるようになる気がします。反対に何もすることがない暇をもてあますときは、何も生みださなくなるから、不思議なものです。

　私は自分の子どもが16、7歳になるまでに、生きる技術としてお料理を教えていきたいな、と思います。同時に自分が80歳、90歳のおばあちゃんになっても、ごはんはきちんと作る人間でありたいな、と思います。料理をすると、自分の身の回りを整え、健康を保つチャンスを与えてもらえます。トボトボ歩きながら、地面の小さな雑草を見つけ、かわいいなと思いながら雲を眺め、今日は天気がいいのね、と思いながらスーパーに行く。スーパーではあじの開きを買い、「ああ、今日も自分の足で歩けて、おうちの仕事もちゃんとできた」と小さな満足感を得られたら素敵。ぜひ、料理というすばらしき技術を人生に。

513 kcal menu / for one

4分2分卵雑炊 メニュー
Egg zousui menu

◆ 4分2分卵雑炊
◆ 大根ツナサラダ
◆ いちじくとごまのデザート風

TIME TABLE
Egg zousui menu

21:00
すべての材料をキッチンに出す。テーブルセッティングをする。好きな音楽をスタート。

◆大根ツナサラダ
作っておく。

◆4分2分卵雑炊
土鍋に材料を入れて火を入れ始める。

21:10
◆いちじくとごまのデザート風
作っておく。

21:15
◆4分2分卵雑炊
ごはんを入れて仕上げる。

4分2分卵雑炊
Egg zousui

1人分 **257** kcal

雑炊って、すばらしいと思う。
夜寝ている間にしっかり消化してくれる。
卵雑炊ってシンプルなものだけれど、
心からおいしいな、と感じることができる。
だしで作るのがおいしいけれど、ナンプラーで
作ってもだしで作っているようなおいしさ。
ぜひ、ナンプラーの威力をお試しいただきたい。

◎材料（2人分）
水 ──────────── 2カップ
顆粒スープの素 ─────── 小さじ1
ナンプラー ───────── 大さじ1
ごはん ──── 200g分（パックなら1個分）
卵 ────────────── 2個
ねぎ ──────────── 10cm分
黒七味（お好みで）────────── 適宜

◎作り方

1 土鍋にごはんと水、顆粒スープの素、ナンプラーを入れて火にかけ、沸騰したらふたをして弱火で4分ほど煮る。卵はカップに入れて、よく溶いておく。

2 土鍋のふたをあけ、全体をかき混ぜたところにねぎを入れ、卵をまわし入れる。すぐに火を止め、ふたをして2分ほど待つ。お好みで黒七味をかけるとよい。

一人用の素敵な鍋をひとつ、持っておくといい。
いろんな柄がついているのものにぎやかでいいけれど、
土の質を感じる鍋は、飽きがこない。
食器を買うときは、その1枚がきれいだから買う、
というのではなく、家の何と組み合わせたら使えるか、
どれほど使う可能性があるか、考えて買う。
こういうシンプルな土鍋だと、ほかにもいろんな
組み合わせが考えられる。食器は全体のバランスが大切。

日本酒を飲むなら、冷たいものを少しいただく。
純米酒ですっきりしたものが好き。すぐに体がポカポカしてくる。

Egg zousui menu

4分2分卵雑炊
メニュー

MUSIC GLENN GOULD/Brahms

グレン・グールド
「ブラームス：間奏曲集」

グレン・グールドというと、
バッハというイメージだけど、
彼のブラームスもすばらしい。
彼のピアノを聴くと、人に聴かせるための
音楽ではなく、自分のための音楽というもの
を感じる。ピアノと向き合って、自分の指で、
自分のために弾く音楽。人に何かを
求め続けると、誰しも疲れてしまう。
人に求められているものを与えようとしても、
やっぱり疲れてしまう。だから、
自分のために、音のプレゼント。
不思議なことに、聴いていると
心が再生しているような気分になる。
『バッハ：ゴールドベルグ変奏曲』も、
ぜひ深夜に聴きたい1枚。

大根ツナサラダ
Japanese white radish & tuna salad

1人分 *158kcal*

こちらのサラダ、しゃけ缶、かに缶、オイルサーディン缶、ししゃも缶など、缶を変えるといろんな味を楽しめます。ポイントはマヨネーズではなく、すし酢で味をつけているところ。もちろんマヨネーズと組み合わせてもよいのだけど、深夜には少し軽いサラダもおすすめ。

◎材料 (2人分)

大根	10cm分
ツナ缶	80g (1缶分)
そばのスプラウト	1パック分
すし酢	大さじ2
塩	小さじ1/8
黒こしょう	適宜

◎作り方

1　大根は皮をむき、縦に薄切りにしてからせん切りにする。ツナ缶は油をきっておく。

2　ボウルにすべての材料を入れて、全体を手で和えたらでき上がり。

いちじくとごまのデザート風
Fig & sesame

1人分 *98kcal*

いちじくっておいしい。チーズにも合うし、ごまにも合うし、タルトにのせてもおいしい。なかなか高いくだものだから、一瞬躊躇するのだけど、カラダに効く薬と思えばアイスクリームを買うよりいい。ジャムにするのも、砂糖で煮るのもおすすめ。

◎材料 (2人分)

いちじく	2個 (皮をむいておく)
ごま	大さじ2
砂糖	大さじ2
水	大さじ2

◎作り方

1　マグカップにごま、砂糖、水を入れて、電子レンジで1分半温める。いちじくの上にかけたらでき上がり。

ヘルシー素材メモ

不老長寿のくだものといわれるいちじく。食物繊維をたくさん含んでいて、腸の働きを活発にするのだそう。お酒を飲んだあとに食べると二日酔いにもなりにくいとか。いやー、私向きのくだものでございます。

ドレッシング&サラダ
Dressing & Salad

ドレッシングはたくさんの種類を買ってしまうと、冷蔵庫がいっぱいになってしまいますね。
というわけで、私は自分でドレッシングを作ります。今回ご紹介の9種類のドレッシング、
生野菜にゆで野菜、肉に魚介類にと何にでも合わせることができます。同じ野菜でもドレッシングが
変わるだけで、イメージが変わりますよね。いろんなタイプをお楽しみください。

レモンドレッシング

◎材料（2回分）
レモン汁 —— 1/2個分
レモンの皮（みじん切り）—— 小さじ1
すし酢 —— 大さじ1
E.V.オリーブオイル —— 大さじ1
塩 —— 小さじ1/4

ゆずマヨネーズドレッシング

◎材料（2回分）
マヨネーズ —— 大さじ3
すし酢 —— 大さじ1
ゆずこしょう —— 小さじ1
塩 —— 小さじ1/8

しらすドレッシング

◎材料（2回分）
しらす —— 大さじ6
ごま油 —— 大さじ2
すし酢 —— 大さじ2
塩 —— 小さじ1/4
黒こしょう —— 小さじ1/2

ひよこ豆、トマト、玉ねぎのサラダ

1人分 *83* kcal

◎材料（2人分）
ひよこ豆 —— 1/2カップ
トマト —— 1個（1cm角の粗切り）
玉ねぎ —— 小1/2個
　（みじん切りし、20分ほど水にさらす）
◎作り方
ドレッシング1回分とサラダの材料を混ぜたらでき上がり。お好みでパセリのみじん切りをかける。

れんこんといんげんのサラダ

1人分 *75* kcal

◎材料（2人分）
れんこん —— 6cm分
　（皮をむき、縦半分に切ってから薄切り）
いんげん —— 8本
　（さっとゆでて長めの斜め切り）
◎作り方
ドレッシング1回分とサラダの材料を混ぜたらでき上がり。

大根と青じそのサラダ

1人分 *87* kcal

◎材料（2人分）
大根 —— 6cm分
　（皮をむいて薄切りにし、せん切りにする）
青じそ —— 5枚（せん切り）
◎作り方
ドレッシング1回分とサラダの材料を混ぜたらでき上がり。

しょうゆドレッシング

◎材料 (2回分)
しょうゆ —— 大さじ4
ごま油 —— 大さじ2
砂糖 —— 小さじ1

アボカドドレッシング

◎材料 (2回分)
マヨネーズ —— 大さじ4
アボカド —— 1個 (フォークでつぶしたもの)
はちみつ —— 小さじ2
塩 —— 小さじ1
レモン汁 —— 1個分

しそドレッシング

◎材料 (2回分)
オリーブオイル —— 大さじ2
すし酢 —— 大さじ2
青じそ —— 1/2束 (みじん切り)
塩 —— 小さじ1/4

豆腐とたたききゅうりのサラダ

1人分 **124** kcal

◎材料 (2人分)
絹ごし豆腐 —— 1/2丁
きゅうり —— 1本
　(たたいてから縦半分にし、5cm長さに切る)

◎作り方
ドレッシング1回分とサラダの材料を混ぜたらでき上がり。お好みで白すりごまをふりかける。

鶏胸肉ときゅうりのサラダ

1人分 **295** kcal

◎材料 (2人分)
鶏の胸肉 —— 1/2枚
きゅうり —— 1本
　(縦半分に切って斜め薄切り)

◎作り方
鶏肉は2カップのお湯に対し、大さじ1の塩を入れて弱火でゆでておく。10分たったら火を止め、薄切りにする。ドレッシング1回分とサラダの材料を混ぜたらでき上がり。
(このドレッシングは色が変わりやすいため、早めに食べたほうがよい)

トマトときゅうりのサラダ

1人分 **91** kcal

◎材料 (2人分)
トマト —— 小2個 (8等分に切る)
きゅうり —— 1/2個
　(斜めに切ってからせん切り)

◎作り方
ドレッシング1回分とサラダの材料を混ぜたらでき上がり。

ナムル風ごまドレッシング

◎材料（2回分）
すりごま ── 大さじ6
ごま油 ── 大さじ2
塩 ── 小さじ1/4

マヨネーズドレッシング

◎材料（2回分）
マヨネーズ ── 大さじ2
すし酢 ── 大さじ2
卵黄 ── 1個分
粒マスタード ── 小さじ2
塩 ── 小さじ1/4

梅ドレッシング

◎材料（2回分）
梅干し（大）── 2個
すし酢 ── 大さじ2
ポン酢 ── 大さじ2
酢 ── 大さじ2

みょうがときゅうりのナムル風サラダ

1人分 **109** kcal

◎材料（2人分）
きゅうり ── 1本（薄切りにしてからせん切り）
みょうが ── 2個
（縦半分に切ってからせん切り）

◎作り方
ドレッシング1回分とサラダの材料を混ぜたらでき上がり。

ポテトサラダ

1人分 **115** kcal

◎材料（3〜4人分）
＊多めに作って次の日、パンにはさんだりするとおいしい。

じゃがいも ── 2個
（レンジで加熱し、縦4等分してから7mmの厚さに切る）
玉ねぎ ── 1/2個
（薄切りにして、レンジで2分加熱する）
ハム ── 4枚
（ハムを半分に切り、5mm幅に切っておく）
きゅうり ── 1/2本
（薄切りして、少々の塩で塩もみする）

◎作り方
ドレッシング1回分とサラダの材料を混ぜたらでき上がり。

鶏のささ身とセロリのサラダ

1人分 **43** kcal

◎材料（2人分）
セロリ ── 1/4本分
（筋をとって、縦に4等分して薄切り）
鶏のささ身 ── 1本
（3分ほど弱火でゆでてからそぎ切り）

◎作り方
ドレッシング1回分とサラダの材料を混ぜたらでき上がり。お好みで青じそのみじん切りをふりかける。

お腹をいっぱいにするには、胃袋からの満足感だけでなく、
目から感じる満足感も大切。少しだけ、テーブルセッティングをして、
一瞬だけ自分を豊かな世界に。のんびり食べる空間を作ってみる。

ダイエット

　ある程度、食べることに気をつけることは、男女ともにとても大切です。人間食べたいものを食べてお酒を飲み、運動もせずごろごろしていれば、ほとんどの人は見た目に太ってしまうだけでなく、不健康な状態になってしまうからです。また私の場合は、根が食いしん坊なので、人が残したチーズやデザートを分けてもらって食べすぎたり、お酒を飲みすぎたりして、本当に苦しい思いを何度もしたので、「やはり食べすぎはきつい」という結論に達しました（笑）。

　ダイエットには食事を工夫する方法、運動する方法などいろいろありますが、私が今までで自分に一番合っているな、と思っているのは「ウエストのある洋服を着ること」「朝、決まった時間に体重を測ること」、そして「歩くか泳ぐこと」です。外にお食事に行くときは、いろんなファッションを楽しみ、食べることを楽しみたいですが、家にいるときも（特に週末）楽なジャージで過ごしていると、いくらでもお菓子やごはんが胃袋に入ってしまいます。胃袋は拡張できる内臓なので、「きつい」と感じなければ、どんどん食べものが入ってしまうのです。だからウエストのある洋服という、一定の「基準」をもたせることは、けっこう使える手です（笑）。また、朝一定の時間に体重を測ることもとても大事です。みんなそれぞれ、自分のベスト体重というのがあるはずなので、そのベスト体重がわかったら、1キロ増えたら少し食べるものを減らす、やせたら増やす、などと微調整していけるのが一番楽な気がします。若いときは3キロや5キロはすぐに変化させることができましたが、新陳代謝の悪くなった30代以降の女性にとっては、3キロ減らすことは大変なプロジェクトだから、小さなプロジェクトのうちに、手を打ってたほうが楽だと思うのです。ただし、女性にとっては、生理直前には1キロ増える人が多いので（私もそうです）その時期はダイエットはあきらめ、甘いものを食べたりして、ストレスを貯めず、カラダに素直に生きていくのも大事です。また泳いだり歩いたりしても消費カロリーはたいして減らないから無駄という方もいらっしゃいますが（例えば体重50キロ程度の女性が30分歩いても消費カロリーは80キロカロリー前後、つまりゆで卵1個分程度）、私にとっては歩いたり泳いだりするかしないかで、次の日の朝の体重の減り方が違います。単純なカロリー計算ではなく、カラダが筋肉をつけ、新陳代謝してエネルギーを消費できる体質にしているかどうかということではないかな、と思います。

　またダイエットする人にとって、何よりも大事なことは食べているものの摂取カロリーと栄養素を、最低限頭に入れておく、ということだと思います。ビール1杯140キロカロリー、カフェラテ砂糖入り200キロカロリー前後、ワイン1本600キロカロリー（1食に匹敵するカロリー）、コンビニおにぎり1個180キロカロリー前後…すべて足し算のみの計算ですから、そーんなにむずかしくはございません。私の場合、チョコレートケーキ1個と、ワイン3杯が同じなら、ワインを取ろうなどと、選択肢のなかから選びながら、心地よく食べる飲むの工夫をしています。

太りにくい
カラダを
作るために

　時々、カロリーのことだけを考えてしまい、パンだけを食べたり、野菜だけを食べたりするという人に出会います。人間はいろんな栄養素をバランスよくカラダに取り入れて生きているのだけど、ついつい総カロリーだけで「太る、太らない」ということを意識してしまい、食べるものを判断してしまうのです。本来、牛肉や鶏肉などに多く含まれる良質のたんぱく質は、私たちの筋肉になり、新陳代謝をアップする栄養素。適度に食べるとエネルギー消費のよいカラダをつくってくれるのですが、「肉や魚などのたんぱく質や脂質は太る」というイメージだけで、重要な栄養素を避けてしまいます。

　私も基礎代謝のよいカラダになって、太りにくくなりたいなぁ、と思うので、よく調べて実践していますが、「これはエネルギーの燃え方が違う感じがするな」と思ったことを4つ列記すると…その1：朝食を食べて朝からカラダを温め、基礎代謝を上げる工夫をする。その2：筋力をアップする。その3：寝る前にお風呂に入ってカラダを温め6〜7時間寝る。その4：ビタミンといっしょにたんぱく質を積極的にとる、です。まず、その1(朝食)：朝食を食べる食べないは人それぞれ都合があるとは思いますが、私の場合、深夜まで仕事をしていたときにお腹がすかないからと朝食を食べないと、腸が動きださないし、カラダも温まらない。でも10時までにはお腹がすきすぎて、お昼にバカ食いしてしまうという傾向にありました(笑)。その結果、朝食と昼食と合わせたカロリーは同じなはずなのに、お通じも悪くなり、なんとなく太ってしまいます。
その2(筋力)：産後、運動もせず腹筋が弱って、食べている量は変わらないけど、お腹の周りにお肉がついてしまう時期があります。子どもを抱っこしているうちに腰痛もひどくなったので、ジムに行って筋力アップを目指したら(アップというより、マイナスからそこそこの量というかんじ)、腰痛も肩こりもほぼなくなり、体重も安定してきます。筋肉は脂肪よりエネルギーを燃やす性質があるので、筋力が増えると代謝がアップするような気がします。
その3(寝る前のお風呂)：寝る前にお風呂に入るか入らないかは、寝つきが違うし、汗をかいている量も違ってきます。汗をたくさんかくということは、新陳代謝につながります。一方不思議なことに、徹夜などをすると太ります(笑)。起きているときに消費するエネルギーより、寝ているときに消費するエネルギーのほうが、大きい可能性もあるのです。
その4(たんぱく質と脂質)：たんぱく質と脂質、野菜などを積極的に食べると、炭水化物と野菜だけを食べていたりする時期より、圧倒的に息切れが少なくなり、階段もポンポン上ることができるようになります。健康診断を受けた病院の先生によると、たんぱく質不足は低体温を引き起こし、その結果新陳代謝も悪くなる、ということでした。野菜だけなどで摂取しているカロリー自体が少なくても、筋力や血をつくるたんぱく質がなければ、エネルギーを燃やすカラダになりにくい、ということです。

　太りにくいカラダをつくるためには、いろんな方法が提示されています。でも一番大切なことは、きちんとした情報を頭にインプットして、無理のない範囲で実践してみることかな〜、という気がします。夜遅く食べても太りにくいカラダになったら、それはしあわせです。燃えるカラダづくり、目指したいですね！

基本カロリー表

正しいダイエットをするために、基本の食品カロリーを把握しておきましょう。

牛肉
牛ばら肉 50g	227kcal
牛ロース肉 50g	167kcal
牛ひき肉 50g	112kcal
牛もも肉 50g	105kcal
牛ヒレ肉 50g	95kcal

豚肉
豚ばら肉 50g	193kcal
豚ロース肉 50g	132kcal
豚肩ロース肉 50g	127kcal
豚ひき肉 50g	111kcal
豚もも肉 50g	92kcal
豚ヒレ肉 50g	58kcal
ベーコン 1枚 17g	69kcal
ロースハム 1枚 15g	29kcal
生ハム 1枚 10g	25kcal
フランクフルトソーセージ 1本 50g	149kcal

鶏肉
鶏もも肉・皮付き 50g	100kcal
鶏むね肉・皮付き 50g	96kcal
鶏ひき肉 50g	83kcal
鶏レバー 50g	56kcal
鶏もも肉・皮なし 50g	58kcal
鶏砂肝 50g	47kcal
鶏むね肉・皮なし 50g	54kcal
鶏ささ身 1本 40g	42kcal
鶏手羽先肉 1本 50g	55kcal

卵
鶏卵 1個分 50g	76kcal
うずら卵 1個分 9g	16kcal

魚
まぐろ赤身 5切れ 75g	94kcal
まぐろとろ 5切れ 75g	258kcal
塩鮭 1切れ 80g	159kcal
さば 1切れ 80g	202kcal
さんま 1尾 150g	326kcal
ぶり 1切れ 100g	257kcal
ししゃも 5尾 100g	166kcal
きす 1枚(開いたもの)30g	26kcal
いわし 1尾 100g	141kcal
さわら 1切れ 80g	142kcal
かれい 1切れ 100g	81kcal
あじ 1尾 150g	82kcal
あなご 1尾分(開いたもの)65g	110kcal
たら 1切れ 100g	77kcal
かつお 5切れ 75g	86kcal

えび・たこ・いか・貝類
ブラックタイガー 3尾 90g	74kcal
車えび 有頭 3尾 120g	52kcal
甘えび 5尾 50g	17kcal
たこ(ゆで)足 1本 100g	99kcal
やりいか 1杯 250g	160kcal
ほたて貝柱 3個 90g	87kcal
かき 6個 90g	54kcal
はまぐり 3個 90g	14kcal
赤貝 1個分 25g	19kcal
あさり 10個 80g	10kcal
しじみ 10個 30g	4kcal
生うに 1枚 8g	10kcal

魚加工品
ツナオイル漬け 缶 80g	214kcal
ツナフレーク水煮 缶 80g	57kcal
ずわいがに 缶 110g	80kcal
ほっけ 干物 1枚 400g	341kcal
あじ 干物 1枚 80g	87kcal
たらこ 1腹 80g	112kcal
イクラ 大さじ1 17g	46kcal
しらす干し 大さじ1 6g	7kcal
はんぺん 1枚 100g	94kcal
つみれ 3個 60g	68kcal
さつま揚げ 1枚 50g	70kcal
かまぼこ 3切れ 45g	43kcal
ちくわ 1本 30g	36kcal
魚肉ソーセージ 1本 95g	153kcal

野菜
さつま芋 1本 200g	264kcal
じゃが芋 中1個 150g	103kcal
かぼちゃ 1/4個 250g	193kcal
里芋 2個 120g	59kcal
長芋 10cm 200g	130kcal
玉ねぎ 1個 200g	74kcal
れんこん 小節 150g	99kcal
にんじん 1本 150g	56kcal
大根 中 300g	54kcal
ごぼう 1本 150g	98kcal
たけのこ・ゆで 1/3本 120g	36kcal
とうもろこし 400g	184kcal
トマト 150g	29kcal
ミニトマト 1個 15g	4kcal
ブロッコリー 1個 200g	66kcal
白菜 1/8株 375g	53kcal
そら豆 20粒 100g	82kcal
枝豆 20個 50g	58kcal
さやえんどう 10枚 25g	9kcal
長ねぎ 1本 70g	20kcal
レタス 1個 300g	36kcal
春菊 1束 250g	55kcal
ほうれんそう 1/3束 100g	20kcal
小松菜 1株 40g	6kcal
チンゲン菜 1株 100g	9kcal
貝割れ菜 1パック 60g	13kcal
もやし 1/2袋 100g	14kcal
なす 1個 80g	18kcal
きゅうり 1本 100g	14kcal
セロリ 1本 80g	11kcal
パプリカ・赤 1個 120g	36kcal
パプリカ・黄 1個 120g	32kcal
ピーマン 1個 30g	7kcal
オクラ 1個 10g	3kcal

豆類・大豆製品
大豆 乾燥 100g	417kcal
大豆 水煮 100g	140kcal
あずき 乾燥 100g	339kcal
ゆであずき 100g	218kcal
木綿豆腐 (1/3丁) 100g	72kcal
絹ごし豆腐 (1/3丁) 100g	56kcal
高野豆腐 1個 15g	79kcal
油揚げ 1枚 30g	116kcal
厚揚げ 1個 200g	300kcal
納豆 1パック 50g	100kcal
おから 100g	111kcal
きな粉 大さじ1 7g	7kcal
豆乳 100g	46kcal

ナッツ類
栗 3個 60g	69kcal
アーモンド 10粒 14g	84kcal
ピーナッツ 10粒 9g	54kcal
カシューナッツ 10粒 15g	86kcal
マカダミアナッツ 10粒 20g	144kcal
ピスタチオ 10粒 4g	25kcal
松の実 大さじ1 10g	67kcal
くるみ 1個 4g	27kcal
炒りごま 大さじ1	36kcal

きのこ
しめじ 1パック 100g	14kcal
えのきだけ 1袋 100g	22kcal
まいたけ 1パック 100g	16kcal
エリンギ 1本 50g	7kcal
生しいたけ 3個 45g	8kcal
干ししいたけ 3個 9g	16kcal
マッシュルーム 生 1パック 100g	11kcal
マッシュルーム 水煮缶 1缶 50g	7kcal
なめこ 1袋 100g	14kcal

海藻
利尻昆布 10cm 6g	8kcal
焼きのり 1枚 3g	6kcal
塩昆布 大さじ1 5g	6kcal
ひじき 大さじ1 4g	6kcal
もずく 50g	2kcal
カットわかめ 1袋 5g	7kcal
ところてん 100g	2kcal

米
白米ごはん 1杯 150g	252kcal
玄米ごはん 1杯 150g	248kcal
赤飯 1杯 150g	284kcal
全がゆ(白がゆ)150g	107kcal
5分がゆ(白がゆ)150g	54kcal
もち 1個 50g	118kcal

パン類
食パン(6枚切り)1枚 60g	158kcal
食パン(8枚切り)1枚 45g	119kcal
クロワッサン 1個 40g	179kcal
フランスパン 1/4本 50g	140kcal
イングリッシュマフィン 1個 60g	137kcal
ベーグル 1個 90g	245kcal
ナン 1個 80g	210kcal
ライ麦パン(6枚切り)1枚 60g	158kcal
ロールパン 1個 30g	95kcal
ホットケーキ 1枚 100g	261kcal

麺類
スパゲッティ、マカロニ 100g (乾)	378kcal
中華麺 1玉 120g (生)	337kcal
ビーフン 75g (乾)	283kcal
そうめん 2束 100g (乾)	356kcal
うどん 100g (乾)	348kcal
そば 100g (乾)	344kcal
冷凍うどん 1個 200g	268kcal

フルーツ
アボカド 1個 230g	301kcal
マンゴー 1個 300g	125kcal
洋梨 1個 370g	170kcal
りんご 中1個 250g	115kcal
グレープフルーツ 1個 400g	106kcal
はっさく 1個 250g	73kcal
夏みかん 1個 350g	77kcal
いよかん 1個 250g	69kcal
桃 1個 200g	68kcal
柿 1個 200g	107kcal
干し柿 1個 40g	37kcal
パイナップル 1/8個 250g	70kcal
パイナップル 缶詰(1切れ40g)	37kcal
バナナ 中1本 160g	85kcal
ぶどう 大10粒 60g	47kcal
干しぶどう 大さじ1 10g	30kcal
さくらんぼ 10粒 60g	30kcal
アメリカンチェリー 10粒 150g	92kcal
バレンシアオレンジ 1個 200g	47kcal
パパイア 1個 400g	99kcal
ライチ 1個 20g	9kcal
キウイフルーツ 1個 100g	45kcal
プルーン・乾燥 1個 8g	19kcal
いちじく 1個 60g	28kcal
いちじく・乾燥 1個 15g	15kcal
ブルーベリー 100g	49kcal
いちご 10粒 150g	51kcal
みかん 1個 100g	34kcal
メロン 1/4個 300g	65kcal

デザート
アイスクリーム 普通脂肪 1個 150ml	234kcal
ラクトアイス 低脂肪 1個 150ml	154kcal
プリン 1個 80g	101kcal
ゼリー 1個 80g	56kcal
シュークリーム 1個 60g	147kcal
チョコレート 1枚 65g	362kcal

牛乳・乳製品
牛乳 200ml	138kcal
低脂肪乳 200ml	99kcal
プレーンヨーグルト・無糖 100g	62kcal
普通ヨーグルト・脱脂加糖 100g	67kcal
ドリンクヨーグルト・加糖 100g	65kcal
ブルーチーズ 1切れ 25g	87kcal
チェダーチーズ 1切れ 25g	106kcal
ゴーダチーズ 1切れ 25g	95kcal
クリームチーズ 1個 18g	62kcal
モッツァレラチーズ 1個 100g	256kcal
スライスチーズ 1枚 18g	61kcal
カッテージチーズ 大さじ1 15g	16kcal
カマンベールチーズ 1個 100g	310kcal
サワークリーム 大さじ1	58kcal
プロセスチーズ 1切れ 25g	85kcal
パルメザンチーズ 大さじ1杯 6g	29kcal

アルコール他
缶ビール 350ml	140kcal
日本酒 180ml	193kcal
焼酎 100ml	146kcal
赤ワイン 1杯 120ml	88kcal
赤ワイン 1本 750ml	548kcal
白ワイン 1杯 120ml	88kcal
白ワイン 1本 750ml	548kcal
シャンパン 1杯 100ml	80kcal
ウィスキー 30ml	71kcal
オレンジジュース 200ml	84kcal
トマトジュース 1本 190g	32kcal
ノンアルコールビール 1缶 350ml	56kcal
コーヒー乳飲料 1カップ 200ml	118kcal

調味料
サラダ油 大さじ1 12g	111kcal
ごま油 大さじ1 12g	111kcal
オリーブオイル 大さじ1 12g	111kcal
マヨネーズ 大さじ1 12g	80kcal
みそ 大さじ1 18g	35kcal
しょうゆ 大さじ1 18g	13kcal
砂糖 大さじ1 9g	35kcal
バター 大さじ1 12g	89kcal
生クリーム 大さじ1 15g	65kcal

※「日本食品標準成分表」他より計算。

おすすめワイン
Wine Selection

休日のごはんを作るときや、ワインパーティーをするときは、たくさん飲んでしまうので（笑）、なるたけ1000円以下や1000円台のワインを見つけたいですよね。でも21時から飲むならば、質のよいワインを1〜2杯飲むのも心地よい。というわけで、今回は1000円以上2000円台のワインのご紹介です（1000円以下〜1500円くらいまでのワインは、ぜひ「ワインパーティーをしよう」の巻末をご覧くださいませ！）。ひとりでワイン開けるのはと思ってしまう方は、ぜひ「バキュバン」というワインの保存器具をお求めください。1週間くらいはあまり味を変えることなく、きちんと保存してくれます。私はスパークリング、白、赤と3本開けて、バキュバンで保存しながら料理に合わせて楽しんでいます。

- ●＝赤ワイン
- ●＝白ワイン
- ●＝スパークリングワイン
- ＊＝ぶどうの品種

フランス France

ボルドー地方
シャトー・ド・ビロ 2006 プルミエール・コート・ド・ボルドー
＊メルロ73％、カベルネ・ソーヴィニヨン17％、カベルネ・フラン10％

アルザス地方
エミール・ベイエ コート・デギスハイム
＊ピノ・ブラン、ミュスカ

ラングドック地方
ドメーヌ・キャン・ガラン ソーヴィニヨン2010
＊ソーヴィニヨン・ブラン100％

ラングドック地方
ドメーヌ・カブロル ピクプール・ド・ピネ プレスティージュ2010
＊ピクプール・ブラン100％

アルザス地方
アルザス・リースリング2009 ドメーヌ・ヴィリー・ギッセルブレヒト元詰
＊リースリング100％

ボルドー地方
クラレンドル・ブラン 2009 バイ・シャトー・オー・ブリオン
＊ソーヴィニヨン・ブラン50％、セミヨン50％

ボルドー地方グラーヴ地区
ムートン・カデ・レゼルヴ・グラーヴ・ブラン
＊セミヨン50％、ソーヴィニヨン・ブラン40％、ミュスカデル10％

ロワール地方
クレマン・ド・ロワール・ブリュット NVシャトー・ド・ロレ
＊シュナン・ブラン100％

ジュラ地方
フィリップ・ミッシェル クレマン・デュ・ジュラ・シャルドネ・ブリュット 2009
＊シャルドネ100％

イタリア Italy

モリーゼ州
リンドヴィーノ・ロッソ 2008 サルヴァトーレ
＊モンテプルチアーノ100％

フリウリ・ヴェネツィア・ジュリア州
メルロ 2007 アテムス
＊メルロ100％

アルトアディジェ州 北部トラミン村
トラミン ティ・ビアンコ 2010
＊シャルドネ50％、ピノ・ブラン30％、ソーヴィニョン・ブラン15％、リースリング5％

フリウリ・ヴェネツィア・ジュリア州
ピノ・グリージョ 2010 ネク・オティウム
＊ピノ・グリージョ100％

トスカーナ州
フレスコバルディ カステッロ・ディ・ポミーノ・ビアンコ 2010
＊シャルドネ、ピノ・ビアンコ

ヴェネト州
プロセッコ・ブリュット ジャヴィ
＊グレラ（プロセッコ）100％

スペイン Spain

トロ
ボデガス・アバニコ エテルヌム・ヴィティ 2008
＊ティンタ・デ・トロ100％

テッラ・アルタ
ボデガス・アバニコ 2009 ラス・コリナス・デル・エブロ シラー・ガルナッチャ
＊シラー60％、ガルナッチャ40％

ムルシア州フミリヤ
ファン・ヒル ペドレラ・モナストレル・シラー 2010
＊モナストレル75％、シラー25％

バレンシア州
ラファエル・カンブラ ドス 2009
＊カベルネ・ソーヴィニヨン50％、カベルネ・フラン50％

コンカ・デ・バルベラ
プロジェクト・クワトロ・カヴァ
＊マカブー40％、チャレッロ40％、パレリャーダ15％、シャルドネ5％

アメリカ United States of America

カリフォルニア州ソノマ
シミ・アレキサンダーヴァレー カベルネ・ソーヴィニヨン 2007
＊カベルネ・ソーヴィニヨン92％、メルロ3％、マルベック3％、カベルネ・フラン1％、プティ・ヴェルド1％

カリフォルニア州ソノマ
クロ・デュ・ボワ カベルネ・ソーヴィニヨン ノースコースト 2007
＊カベルネ・ソーヴィニヨン100％

カリフォルニア州
デジャヴ ピノ・ノワール 2009
＊ピノ・ノワール100％

ニュージーランド New Zealand

南島マールボロ地区
デルタ・ヴィンヤード・マルボロ・ソーヴィニョン・ブラン 2008 ザ・デルタ・ヴィンヤード元詰
＊ソーヴィニョン・ブラン100％

北島ホークスベイ地区
シレーニ セラー・セレクション スパークリング・ソーヴィニョン・ブラン
＊ソーヴィニョン・ブラン100％

行正り香
Rika Yukimasa

1966年福岡生まれ。高校3年からカリフォルニアに留学。留学中に、ホストファミリーのための食事作りから料理に興味を持つ。帰国後、広告代理店に就職、得意の英語を活かした海外出張が多く、様々な国で出合ったおいしいものを簡単にアレンジして紹介。2007年に会社を退社後、現在は子供用ウェブサイト「なるほど！　エージェント」の企画・制作に携わる。主な著書に、『19時から作るごはん』、『ワインパーティーをしよう。』『カクテルはいかが？』『北欧からのやさしいお菓子』（共に講談社）などがある。

●ブログ「by 行正り香」http://ameblo.jp/rikayukimasa/

staff
ブックデザイン／中村朋子
スタイリング／澤入美佳
撮影／青砥茂樹（講談社写真部）
カロリー計算／本城美智子

おわりに

　遅くまで仕事をして、コンビニやお弁当屋さんで買ったお弁当を食べるのでも、おいしいし、お腹いっぱいにはなります。でも、なんとなくさびしさ感が残ります。毎日だったら、やっぱり野菜不足にもなります。特に20代は、仕事をし始めたばかりでボロボロなんだけど、そんなときに少し料理をしておくのとしておかないのでは、30代になったときに差が出ます。突然家族が増えて、ひとり分でもできなかったことを、2人分、3人分を急に作れるようになることはないからです。だから21時すぎから作るごはんでも、たくさんトライして失敗して、よーし、これなら大丈夫というレシピを10個くらい持っていると、かなり生きていくのが楽になります(笑)。10個をグルグル回すくらいでも十分なんです。少しアレンジしたり副菜を変えるだけで、味も雰囲気も十分変わる。今回はカロリー低めの一皿ですが、どかーんとたくさん作って、たまにはダイエットを忘れることも大事です。21時。遅い時間ではあるけれど、まだまだ楽しい宵は続く。映画を見たり音楽を聴いたり、素敵な時間を過ごすのはこれからです。

　素敵な21時からの世界を作ってくれた青砥さん、澤入さん、中村さん、小保方さん、ひろ子さんに、たくさんのありがとうを。本を手に、再現してくださるみなさまにも、ありがとうを。

行正り香

21時から作るごはん
ローカロリーのかんたんメニュー

2012年3月27日　第1刷発行
2013年5月22日　第4刷発行

著　者　行正り香
発行者　鈴木　哲
発行所　株式会社講談社
　　　　〒112-8001　東京都文京区音羽2-12-21
　　　　販売部　TEL 03-5395-3625
　　　　業務部　TEL 03-5395-3615

編集　株式会社講談社エディトリアル
　　　代表　丸木明博
　　　〒112-0013　東京都文京区音羽1-17-18
　　　護国寺SIAビル
　　　編集部　TEL 03-5319-2171

印刷所　凸版印刷株式会社
製本所　大口製本印刷株式会社

定価はカバーに表示してあります。
落丁本・乱丁本はご購入書店名を明記のうえ、講談社業務部宛にお送りください。送料小社負担にてお取り替えいたします。
なお、この本のお問い合わせは、講談社エディトリアル宛にお願いいたします。
本書のコピー、スキャン、デジタル化等の無断複製は著作権法上での例外を除き、禁じられています。本書を代行業者等の第三者に依頼してスキャンやデジタル化することはたとえ個人や家庭内の利用でも著作権法違反です。

ISBN978-4-06-299553-5
N.D.C.596　103p　26cm
©Rika Yukimasa　2012 Printed in Japan